JN062469

はじめに

本書は令和二年八月、私家本として発刊したのが原点です。当初、執書に当たって、小生が昭和五十年代に実踏、調査した八王子の社寺建築を知る資料を後世に遺すと言うことを念頭にまとめたものです。手作り本の形で、部数も少なく、八王子市郷土資料館、八王子市立図書館、お世話になりました社寺、その他関係機関など、極めて限定された範囲で配本したものです。

そうした中で、手にされた八王子自治研究センター理事長・藤岡一昭様、番匠設計社主・小町和義氏をはじめ、多くの方々より増刷の要望を賜りました。そうしたご意見に応えることが、この本の使命であると考えています。本書の出版にあたり種々ご尽力を賜りました、一般社団法人八王子自治研究センター理事長、藤岡一昭様に衷心より感謝申し上げます。

なお、今回の刊行では、新たに「大横町時代の大善寺」、「念仏院」、「相即寺」などを加えました。本書がより多くの方々に読まれ、八王子の社寺建築への造詣を深く持っていただくとともに、八王子の社寺建築の特徴、関わった宮大工、彫り物師などの足跡を含む、八王子の誇れる貴重な建築文化財としての記録の継承に役立つことができればと願っております。

令和四年一一月　著者

#「八王子の社寺建築」増刷にあたって

相原悦夫先生は、半世紀を越えて武州、八王子を中心とした社寺建築、そして曳山研究を積み上げてこられました。その相原先生が、二年ほど前に私家本として発刊された「八王子の社寺建築」は、八王子の五社九寺の建築上の特性、意匠、彫刻、そして何よりも社寺を手掛けた大工棟梁や彫師の仕事ぶりが紹介され、歴史の扉をスリリングに開くものでした。

今回、「大横町時代の大善寺」、「産千代稲荷神社」など一社四寺が加えられ、八王子市内一九カ所の社寺を紹介し、増刷することとなりました。本書は、社寺建築の現代版ガイドブックであるとともに、建築文化財の記録としても高い価値があると確信しております。

私共一般社団法人八王子自治研究センターは、八王子や多摩地域のまちづくり政策に関する民間シンクタンクとして活動してきました。そしてこれまで「八王子の宮大工小町家」や現代に生きる宮大工棟梁の仕事ぶりなど調査、紹介し、街づくりの骨格となる歴史文化の継承に取り組んできました。そこで、相原先生の「八王子の社寺建築」増刷にあたっては、当センター内に文化出版部を設置し出版させていただくとともに、資料や記録を保存、管理、公開するための「自治資料室」の設立も検討しているところです。

地域の歴史、文化の継承は、いまを生きる私たちがなすべき次世代への責務と考え、本書がその役割を担うものと確信しております。

一般社団法人八王子自治研究センター
理事長　藤岡一昭

目次

八王子の社寺建築掲載略図

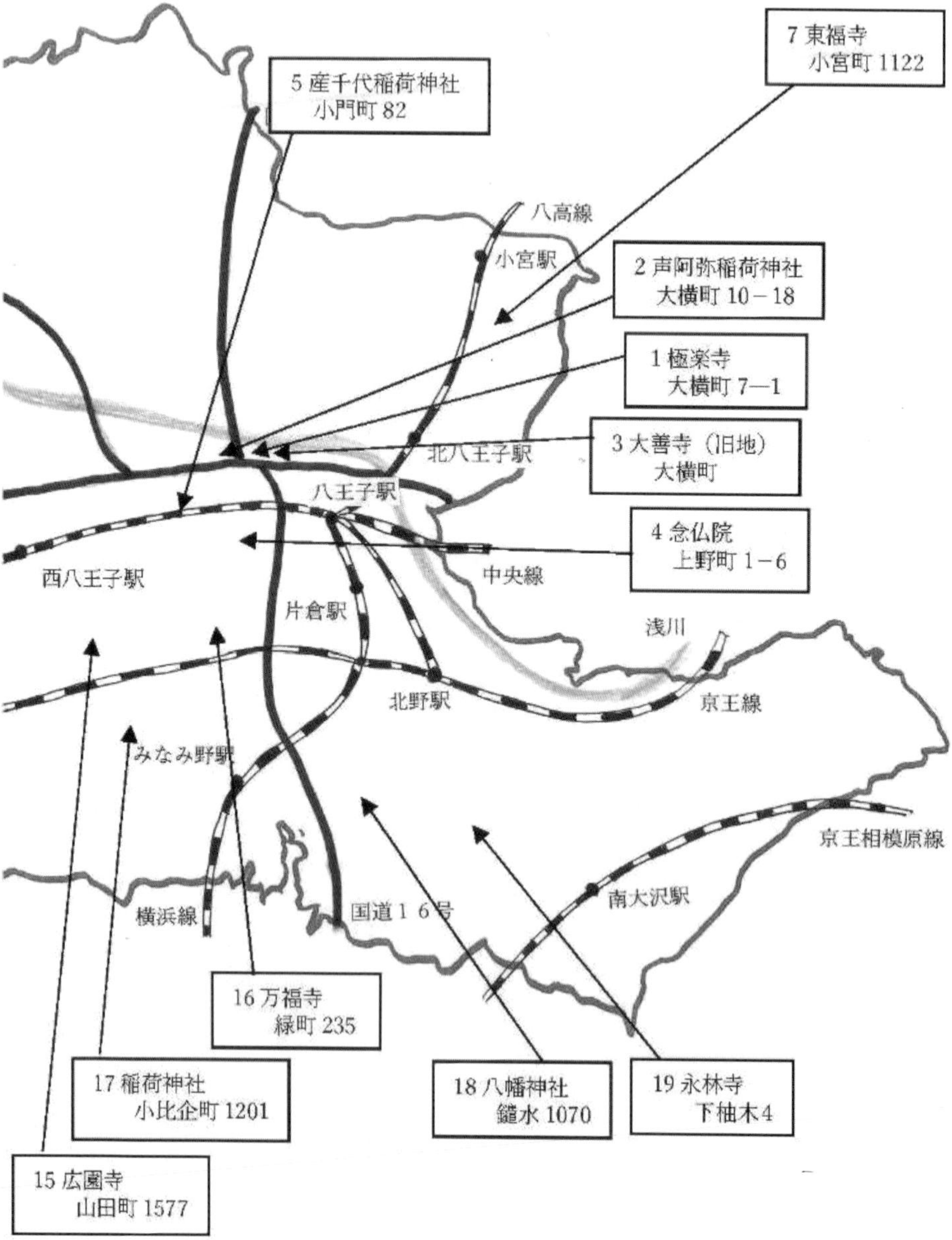

7 東福寺
小宮町 1122
5 産千代稲荷神社
小門町 82
八高線
小宮駅
2 声阿弥稲荷神社
大横町 10－18
1 極楽寺
大横町 7—1
3 大善寺（旧地）
大横町
北八王子駅
八王子駅
4 念仏院
上野町 1－6
中央線
西八王子駅
片倉駅
浅川
北野駅
京王線
みなみ野駅
京王相模原線
南大沢駅
横浜線
国道１６号
16 万福寺
緑町 235
17 稲荷神社
小比企町 1201
18 八幡神社
鑓水 1070
19 永林寺
下柚木 4
15 広園寺
山田町 1577

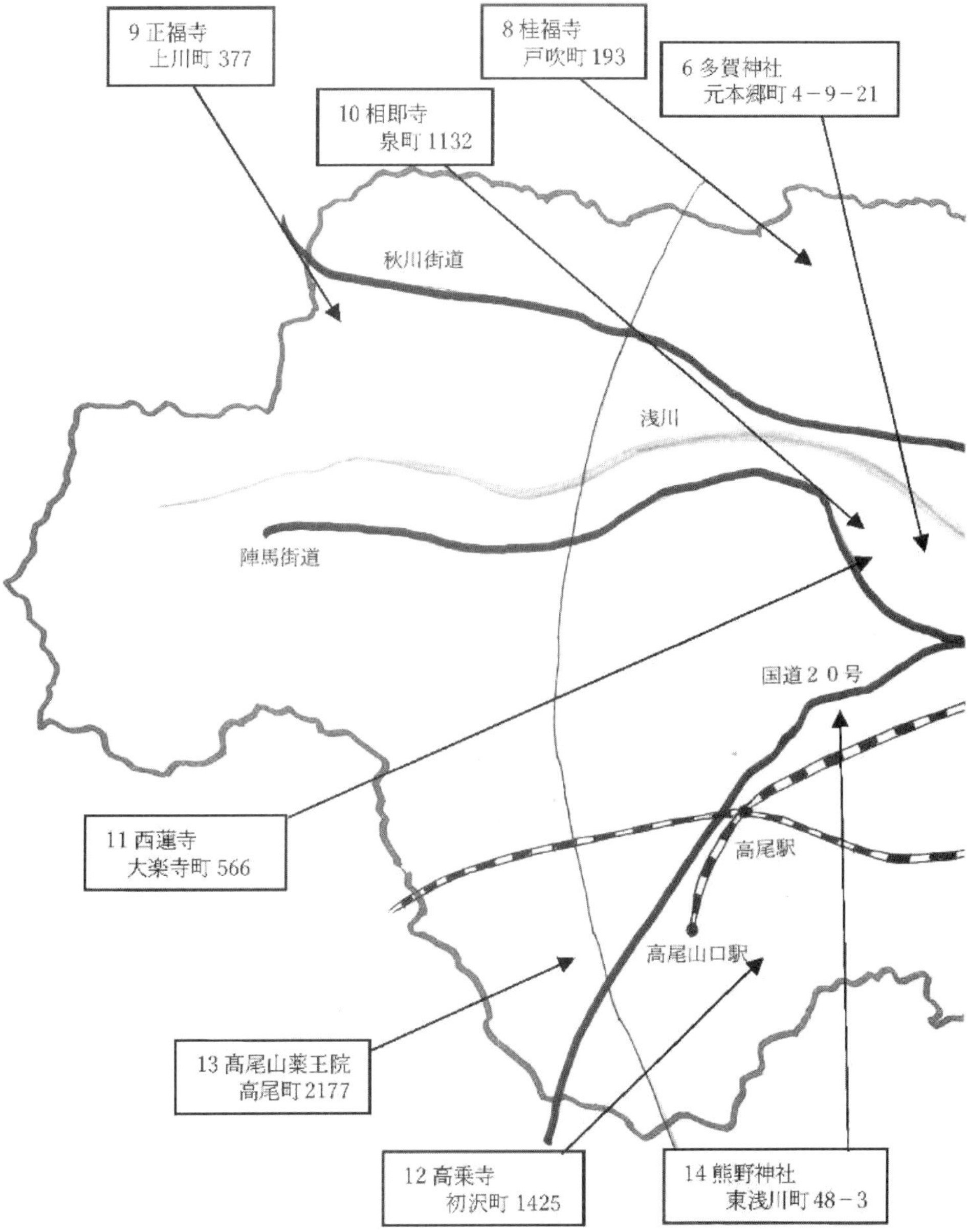
9 正福寺
上川町 377
8 桂福寺
戸吹町 193
6 多賀神社
元本郷町 4－9－21
10 相即寺
泉町 1132
秋川街道
浅川
陣馬街道
国道２０号
11 西蓮寺
大楽寺町 566
高尾駅
高尾山口駅
13 高尾山薬王院
高尾町 2177
12 高乗寺
初沢町 1425
14 熊野神社
東浅川町 48－3

極楽寺本堂

▶ 八王子の三宿移転とともに、歴史を刻んだ、旧市内随一の名刹、威厳と風格を漂わせている。

▲　国道16号線に沿った長い築塀の線と山門が喧騒と静寂を二分している

（撮影・相原）

桂福寺山門

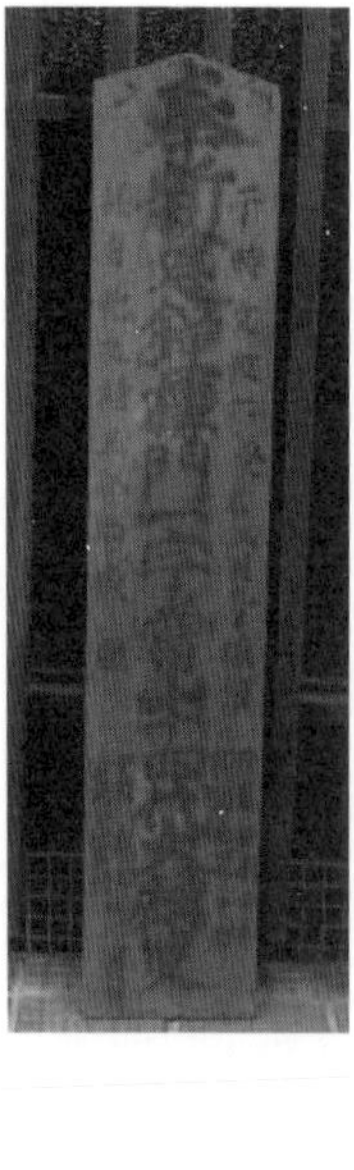

▲　八王子では珍しい「鐘楼門」、上層部鐘楼形式になっている。屋根は寄棟、珍しく茅葺きである
（撮影・相原）

◀　鐘楼門の棟札。文政６年３月の墨書きが残る

高尾山薬王院飯縄権現堂

▲　拝殿の海老虹梁「龍」
などは上州花輪村彫物
師、星野昌興の力作

本殿外観 ▶
八王子最高の近世社殿建築、典雅
優美な建築美を誇る。二軒繁垂木
の曲線が美しい（撮影・相原）

初沢・髙乗寺本堂

▲　本堂の寄棟造り、屋根桟瓦と野筋の端正な曲線が最も美しい
（昭和 53 年 撮影・相原）

遺水・八幡神社本殿

▲ 小社ながら三手先組斗や素木彫刻など、江戸後期に見られる典型的な社殿建築例。大工棟梁は不詳、彫物師は宇都宮出身で東京住、後藤徳蔵信吉の手になる。
（撮影・相原）

永林寺本堂

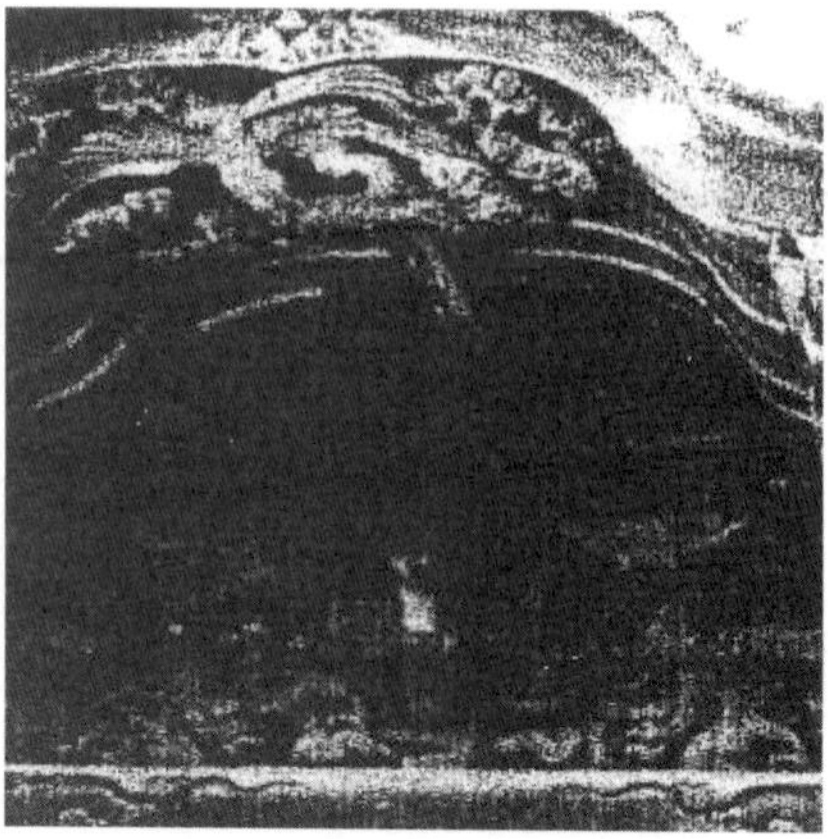

▶
正面破風の懸魚、虹梁上の中備の素木彫刻
（「永林寺誌」より）

▲　千鳥破風に軒唐破風の向拝、重厚感抜群の本堂

極楽寺

―大横町―

極楽寺（浄土宗）は戦災を免れた中心市街地随一の寺院である。八王子では、日光街道（現在の国道十六号線）を挟んで江戸時代以来、対面の大善寺とともに「大善・極楽」の対語で呼ばれてきた浄土宗の名刹である。その対面の大善寺が移転した後は、この極楽寺の寺域が唯一、かつての八王子の原風景を遺している場所である。

十六号線に面して二間一戸、切妻、銅板瓦棒葺き山門と浅川橋に至る長い築堀が格式の高さを感じさせる。山門をくぐると、本堂に向かって一直線に伸びる参道樹々の緑が、市街地の喧騒を忘れさせてくれる。安らぎの世界である。

参道を進むと、江戸初期に八王子宿の形成に尽力された川島作左衛門供養碑と弁財天堂が目に入る。斜め右手に二層構造の鐘楼、正面に大本堂が偉観を見せる。そして左手の庭の小路は庫裡へと通じている。手入れの行き届いた庭に藤棚が参拝の人を心和ませてくれる。

山門の中に一歩足を踏み入れると、静寂な世界が広がる

鐘楼　八王子の中心市街地にある鐘楼は上野町の「時の鐘」

とここ極楽寺の鐘楼の二か所のみである。本寺の鐘楼は木造二層構造、下層は黒塗り四方袴腰の板張り、上層は張出しの方二間床板張り、周囲に高欄を巡らす。四本の主柱は基礎から立ち上がり、上部の頭貫が屋根の小屋組みを支えている。屋根は入母屋造り、桟瓦葺き。

昭和十一年に桟瓦葺きに変えたもので、改修当時の状態を今に伝えている。戦災を免れたこともあり、古風な趣を感ずる。建造年代は先代住職によると、享保年間（一七一六〜一七三五）の再建、大工棟梁の柴田某が建造したと伝えられる。**本堂** 身舎正面は桁行十間、梁間八間の市内最大級の建築である。屋根は寄棟、棟は多摩地方によく見られる切妻型箱棟で銅瓦葺きである。箱棟等には「徳川・三つ葉葵」の寺紋が付され、寺格を感じさせる。

正面の張出向拝は間口四間、奥行二間、屋根は寄棟大屋根から張り出した千鳥破風に軒唐破風、棒瓦銅板板葺き。正面虹梁上の中備には「目貫龍」、唐破風懸魚には「天女」の素木彫りなどで偉観を呈している。天井は格天井、正面には「極楽寺」（第五十世檀誉上人の揮毫）の金箔押しの額が女」の素木彫りなどで偉観を呈している。天井は格天井、

入母屋造りの鐘楼堂

参道から見た本堂

本堂軒裏の二軒垂木

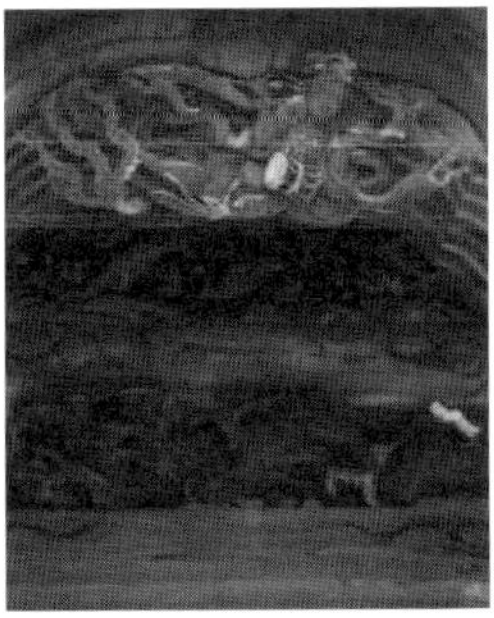

本堂向拝懸魚、中備の彫刻群

正面には「極楽寺」（第五十世檀誉上人の揮毫）の金箔押しの額が掲げられている。張り出し向拝の規模としては柚木・永林寺本堂と双壁である。

本堂身舎は向拝正面は四枚戸、両側に各三間の火灯窓の胴羽目板六枚が連なり、更に、庫裡から通ずる長廊下側面にも火灯窓の胴羽目板が連なる。本堂側面八間にはガラス戸が入り、二面にわたり外縁側が設けられている。二軒繁垂木の出を眺めると、堅固な垂木の力強さに圧倒される。本堂内部來迎柱の正面須弥壇の上部欄間には「波」の彩色彫刻、豪華な天蓋が吊るされている。須弥壇上には本尊、阿弥陀仏（別称「歯吹尊像」）が安置されている。

現本堂は享保十三年（一七二八）に再建されたものと伝えられる（先代住職小澤勇寛師談、『八王子市史下巻』にも記述）。更に同寺の「諸堂修理経過概要」（昭和十五年）によると、昭和十一年十月に鐘楼屋根瓦葺き替えに次いで同年十二月、本堂向拝屋根の銅板葺きに改修されたと記されている。戦後は昭和五十三年に小山社寺工業東京出張所（相模原）により屋根全体の銅板葺き替えが行われたが、その際、同住職によると本堂改修の過去の棟札は見られなかったという。

声阿弥稲荷神社

―　大横町　―

国道十六号線の浅川橋手前、右に極楽寺（浄土宗）、左に宝樹寺（時宗）がある。その宝樹寺境内に声阿弥稲荷神社拝殿がひっそりとした佇まいをみせている。この辺りは昭和二十年（一九四五）八月の八王子空襲の戦禍を免れた地域で、数少ない戦前の景観をかろうじて残している地区である。

昭和 50 年代の声阿弥神社拝殿・当時、屋根は桟瓦葺き

境内には同社のほか、閻魔堂、地蔵堂、大横町の山車蔵、更に西側には水天宮などがあり、時間の止まった空間を感じる。昭和三十六年までは、この奥にはお十夜で振わった大善寺があったが、今はない。

声阿弥稲荷神社拝殿は方三間の身舎に後面方一間の張り出しの本殿が付設された形となっている。入母屋造りの身舎は木造平屋建て入母屋造り、正面には間の流れ向拝となっている。入母屋造りの屋根は、かつては桟瓦葺きであった（写真参照）、棟瓦は「青梅波」図柄の瓦に漆喰で仕上げで、隣接の大善寺山門を彷彿とさせていた。

拝殿正面の虹梁上、中備の「親子龍」と軒裏の重木

拝殿正面の流れ向拝は手前に登り石段を付す。向拝正面虹梁中備には「親子龍」と柱左右の木鼻は「獅子頭」を付している。八幡宿の彫刻師、牧田巳之助矩中の手によるものである。戦禍を免れた社殿で往時の姿を良く残している。

棟札によれば、嘉永二年（一八四九）二月の上棟、願主は当所二十三夜講女人中、世話人石橋勝三、清水清吉、沢村源太郎など十五人により再建されたと記されている。文政七年（一八二四）二月の「文政の大火」により焼失したものと推測される。

この社殿の再建には棟梁山本留次郎延嗣、高尾虎吉重近、彫工牧田巳之助矩中が当たっている。棟梁山本留次郎延嗣、高尾虎吉重近の手がけた例は、現在のところ認められず、その履歴は不明である。彫工の牧田巳之助矩中は八王子八幡宿に住して、江戸後期に八王子中心に活躍している。向拝の木鼻は同彫工の彫った旧八幡町二丁目の神酒枠の繊細な彫りとは対照的で迫力のある眼光に牧田の鑿の冴えを見せている。

牧田巳之助矩中は屋号は小川屋、指し物（南町山車人形の岩座の墨書き）で、後藤姓を名乗っていることから、後藤派の系統

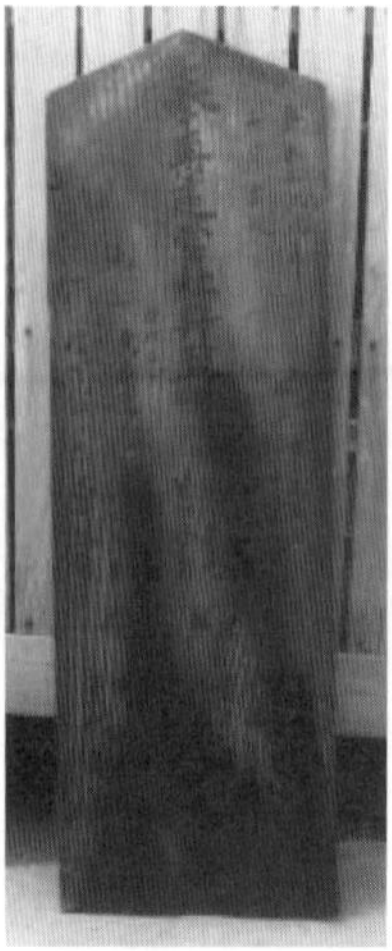

棟札　その一（嘉永二年＝一八五二）

拝殿木鼻の「獅子頭」

の彫工である。作品としては、声阿弥神社社殿をはじめ、八幡町旧二丁目山車人形『諫鼓鳥』（文政二年＝一八一九）、旧八幡町二丁目神酒枠（嘉永五年＝一八五二）、秋川神社御神体の随身（安政三年＝一八五六）、南町（南横町）山車人形『応神天皇』の岩座（安政四年＝一八五七）がある。また、小門町・産千代稲稲荷神社社殿（昭和二十年・焼失）の棟札（写し）（安政七年＝一八六〇）には「後藤巳之助矩中」の銘が見られる。

（表）

嘉永二巳丙年　當所
二月辰吉日　廿三夜講　尾張屋冨太郎
女人中　世　紀伊屋久次郎
三田村嘉八　小俣藤左衛門
奉再建當社拝殿　冨中新右衛門　冨井忠次郎
柴田又兵衛　話　錦屋安郎
當所信心　世　石橋勝蔵　田野倉音次郎
老若男女　話　清水清吉　冨本□助
宿々　人　沢井源太郎　人　堺屋三右衛門
信心元中　李代喜八

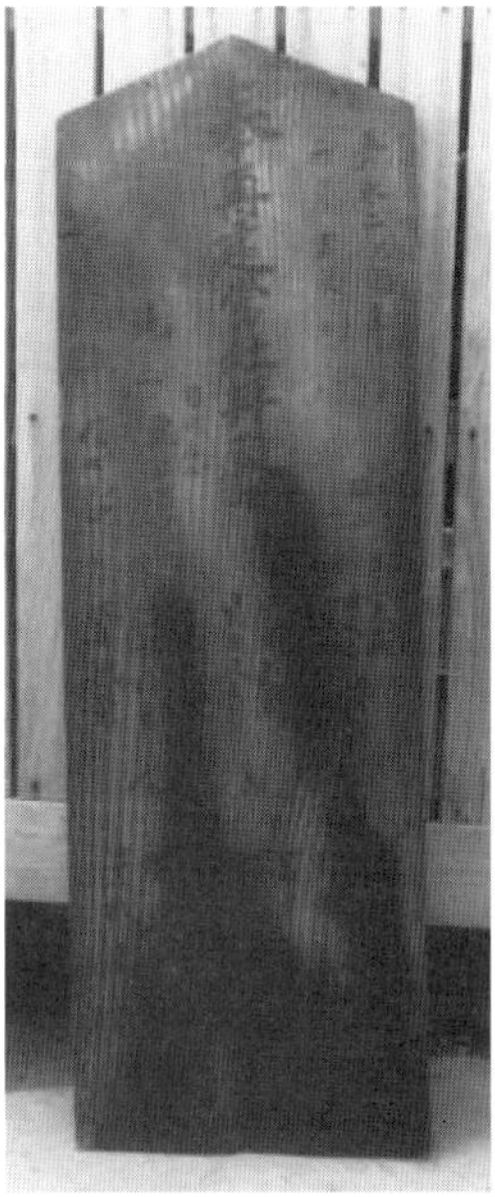

（裏）

維持嘉永二己丙年二月七日　彫工　牧田巳之助矩中

山本留次郎延嗣　花押

當社拝殿再建大工棟梁

高尾虎吉重近　花押

撰吉日良時令上棟者也

普請方

惣請負　長木屋源右衛門

その二

表に「棟札」太字で墨書されているが

裏は記載なし（年・不詳）

大横町時代の大善寺

―大横町　―

昭和30年代の大善寺の十夜風景（『市民の写真集・八王子の今昔』より）

昭和三十六年十月の「大善寺十夜法会」を最後に、八王子の大横町時代の名刹大善寺は終焉した。しかし、戦前、戦後の八王子人にとって、大善寺は記憶の中に生きている。ここでは、かつての大善寺の堂宇と光景を写真を通じて再現してみることとする。

浄土宗関東十八檀林、観池山大善寺は、永禄年間（一五五八）　瀧山城主北条氏照が創建した後、八王子城下に移転、更に北条氏滅亡後、八王子横山宿の形成とともに、現在の大横町に、極楽寺とともに移転、「大善・極楽」の対語として三百五十年の長きにわたり　八王子宿の名刹としての寺院文化を創り出した。

大善寺の寺域は、極楽寺とともに、江戸時代、十五宿とは別に「瀧山」の地名を付与されてきた。その大善寺は、現在の十六号線沿い、八王子商工会議所から西、大横高齢者施設、サイエンスドームなどを含む地区一帯、境内と墓地を含めて一万二千坪を擁していた。

　明治以降の伽藍は山門(仁王門)をくぐり、右斜め奥に本堂・庫裡、その南側に呑龍上人を祀る護念殿、通称「呑龍堂」。そして手前に鐘楼堂と経蔵(輪蔵)、通称「六角堂」などが配置されていた。更に、山門の手前左の池の前に境内社として機守神社があった。

山門（昭和37年に解体『八王子市史下巻』より）

山門　山門は大善寺の「顔」である。三間一戸の楼門総体的に弁柄色の門である。屋根は入母屋造り、桟瓦葺き棟瓦は青海波積みが特徴となっている。
　間口一間の通路の両側には阿吽二体の仁王像を配していたことから仁王門とも称している。左右に火灯窓の脇塀を付している。一層上部の梁から張り出して二層目の床面に高欄が巡らされており、正面一間は板張りの引き戸、両端は胴羽目となっている。上部の頭貫より上は二手先の斗組で垂木を支えている。垂木は二軒繁垂木、弁柄塗り。八王子の中心市街地の寺院建築としては出色。浄土宗檀林寺院としての風格を備えた山門として昭和三十年代まで健在であった。『八王子市史・下巻』によれば、宝暦四年(一七五四)に造営されたと記されている。また当時、大

旧、輪蔵（現、鎌倉・長谷寺）
『神奈川県近世社寺建築調査報告』より

移築後の旧護念殿

善寺の大旦那、梅原勘兵衛により寄進されたと伝えられている。大工棟梁は不明。なお、大和田に移転後、再建のため旧材を保管していたが、残念ながら再建は夢に終わった。

護念殿　大善寺三世の呑龍上人像を祀る。通称「呑龍堂」と称する。呑龍上人の名跡を讃えて建造した堂宇で明治十八年再建、入母屋造りに大千鳥破風の造りが象徴的である。

　三世呑龍上人が大善寺から太田、大光院開山となって赴任した経緯から大光院本堂を模して建造されたと推測されるほど正面外観は酷似していた。大横町時代は借り本堂の南側、山門をくぐった正面に建っていた。名刹大善寺に相応しい威厳と存在感のある堂宇であった。

　『大善寺略誌』では七間、五間と記されている。入母屋造り桟瓦銅板葺きであった。昭和三十七年に柱建てと屋根部分の一部が改修、大和田町に移築された(写真参照)。その後、昭和五十三年に都内から移転してきた大

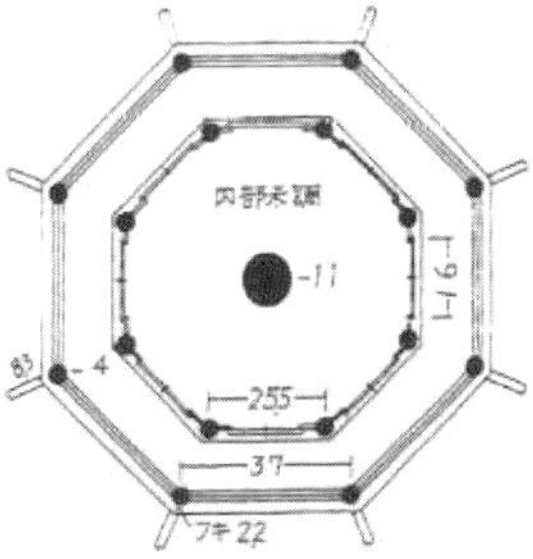

鎌倉・長谷寺輪蔵
(『神奈川県近世社寺建築調査報告』より

昭和30年代の山門、六角堂（大横町・樋口寿男 画）

泉寺が呑龍堂を本堂として使っていたが、その後改修された。

経蔵　経蔵とは経文を納めた蔵で、蔵内には回転構造の」経庫(輪庫)」が設けられている。読経しながら輪庫のとっ手を掴み、歩きながら回転させていくと、四万六千日の安穏、功徳が得られるという仏教祈願の俗習による。大善寺の輪庫は昭和三十七年に鎌倉長谷寺に移設されており、構造、建造年代については『神奈川県近世社寺建築調査報告書』に詳述されている。回転台に造られた八角輪庫は心柱を礎石から小屋裏まで建てて、この心柱を軸に八角形の小屋組みをつくり、八面の小脇壁の板戸の両開き、内部に棚状の経架をつくる。上部頭貫上は三手先組斗で軒裏垂木を支える。垂木は二軒扇垂木となっている。建造年は江戸中期と推定されると記している。

大善寺の経蔵は通称「六角堂」と言っていた。壁面は総漆喰塗りで、屋根は宝形で頂き露盤に擬宝珠が付されていたが、解体されて姿を消した(上の風景画参照)

※八角輪蔵　丸柱　三手先詰組　一辺一・一二m

一九世紀中期

江戸後期の大善寺境内の絵図（八王子市郷土資料館蔵）

機守神社　大善寺境内に桑都の織物繁栄を願って、機守白瀧姫を祀った社。小社乍ら、手の込んだ技を駆使した社寺建築として、江戸後期の桑都八王子の織物業界の注目を集めた社殿であった。江戸後期の桑都八王子の織物業界の象徴として建造された社殿で、小社乍ら手の込んだ社寺建築として注目を集めた。絵図では拝・本殿が描かれているが、昭和三十七年まで健在だったのは本殿である。

上の「武州八王子檀林所瀧山大善寺境内之風景略図」は嘉永四年（一八五一）に描かれたものである。嘉永四年は機守社が創建された年である「(同社碑文)・『八王子織物史・上巻』ことと更に二つの社殿が主体的描かれていることから推測すると、機守社創建記念して描かれた絵図であると言える。上記絵図と現存していた本殿の記憶を呼び起こして神社本殿の外観、形状を記してみることとする。

本殿は一間社、屋根は入母屋造り、銅板本瓦葺き、土台廻り立ち上がりの腰組三手先組物、床縁には正面開き戸の両側に高欄を巡らし、左右、背面の胴羽目は板戸と脇障子に素木の彫刻を施す。身舎の正面は千鳥破風に向拝は唐破風を付す。向拝柱

かつての機守神社本殿(『八王子織物史上巻』より

上の虹梁両端には木鼻、中備には彫刻が組み込まれ、頭貫の上の組物は三手先斗栱、軒裏は二軒繁垂木。創建は嘉永四年(一八五一)三月と同社「碑文」に記されている「茲ニ鎮座スル機守　尊霊ハ天資其道ニ暁ク、霊験又明カナル以テ嘉永四年辛寅三月信仰ノ輩新規此堂築キ以テ奉祭ス」(以下略)

『八王子織物史・上巻』

なお、大工棟梁、並びに彫物師は不明である。しかし、当時の宿内織物業界と街中旦那衆に知られていた社殿、山車建造に実績のある大工棟梁小　町若狭守、彫物師は八幡宿住牧田巳之助矩中が関わったことが濃厚と推定される。因みに二年前には北隣りの声阿弥稲荷神社拝殿、更に、嘉永五年(一八五二)八幡町旧二丁目神酒枠をこの二人で建造している。

その後、明治十三年、大正八年の二度にわたり、八王子織物工業組合の総力挙げて社殿の大修理を行う(『機守様略誌・八王子織物工業組合　畑中繁太郎記』)　そして昭和二十年の戦禍にも免れたが、昭和三十七年、大善寺移転に伴い解体され一一〇年の歴史を閉じた。戦禍を免れた八王子中心市街地に残された数少ない社寺建築が失われたのは大善寺と同様、残念の一言に尽きる。

念仏院　鐘楼堂「時の鐘」

―　上野町　―

通称「富士森の通り」と呼ばれている通りを南へ、中央線を渡って、直ぐ左手に「時の鐘」が目に入る。対面は金剛院である。かつては春になると、ここから南へ富士森までソメイヨシノの桜が満開になり、花見客で賑わいを見せていた。「時の鐘」は江戸後期、『桑都八景』の一つ、「念仏堂晩鐘」として桑都名勝に数えられていた。八王子宿切っての名鐘である。

念仏院の梵鐘「時の鐘」は元禄十二年（一六九九）に、八王子八日市宿名主、新野与五右衛門他の寄進に寄って鋳造、鐘楼堂が創建されて以来三二〇余年の歴史を積み重ねている。江戸時代の八王子十五宿から現代まで中心市街地の隅々まで鳴り渡り「時」を知らせてきた。山号の「時鐘山」はこの名鐘に由来する。大正期の鐘楼堂は、屋根は寄棟桟瓦葺きであった（『八王子』八王子市発行）。現在の鐘楼堂は昭和二十六年（一九五四）に再建上棟。方一間四本柱の立上げ、屋根は入母屋造り、桟瓦葺き。施工は市内の高五建設が当たっているが、棟梁は半原の名門矢内匠家十六代矢内稲男高秀（一八八八～一九五四）で、この仕事が矢内家の宮大工としての最後の作品となった。

鐘楼堂「時の鐘」

昭和二十九年三月、本堂並びに鐘楼堂の落成式が行われた。

産千代稲荷神社

―小門町―

八幡町、甲州街道沿いの荒物加島屋の角を南へ、昔流に言えば「裁判所通り」を徒歩五分ほど行くと、右手に石垣が見えてくる。石垣の正面左に「史蹟大久保石見守長安陣屋跡」の標石が建つ。石段を登ると、正面に産千代稲荷社殿が目に入る。現在の社殿は昭和二十八年に再建。拝殿は桁行三間、梁間三間、入母屋造り。正面は千鳥破風、更に方一間の軒唐破風の向拝を付す。拝殿の奥に方一間の本殿が繋がる。五十八年に屋根を改修、桟瓦葺きから銅板葺きに替える。

大工棟梁は片桐流第五代髙橋五郎義久である（棟札墨書き）。同棟梁は昭和二十九年に念仏院鐘楼堂「時の鐘」や昭和四十年代以降、髙尾山薬王院の分院（八王子伊勢丹屋上鎮座）、小峰姓で雲龍寺山門、本堂を建造している。

産千代稲荷神社は、八王子代官大久保長安の屋敷神として祀られた小社が起源である。『新編武蔵風土記稿』には「稲荷社」と記されているが、安政七年（一八五九）の棟

産千代稲荷神社拝殿

札には「産千代稲荷大明神」の名称が見られる。江戸後期から下（しも）の「子安神社」とともに八王子の中心市街地の安産祈願の社として二分していた。

旧社殿の棟札　昭和二十年八月の八王子空襲で焼失した旧社殿は安政七年（一八六〇）に再建されたもので、上棟時の棟札の写しを先代宮司・故小泉重久氏が保存されており、写させていただいた。旧社殿の写真などがないので社殿の輪郭、概要は不明である。小泉宮司の話では、拝殿を正面にして、右手側に神楽殿、左側の手前に社務所、その奥に手水舎があったとの話であった。

棟札写しには拝殿再建とあり、氏子の名主年寄りをはじめ、二十名の名前が記されている。拝殿建造に当たった大工棟梁は土屋宇兵衛源確芳、脇棟梁は谷飛騨正平惟貞で以下八名の職人の名が書かれている。大工棟梁の土屋宇兵衛源確芳の名は、現時点ではこの産千代稲荷神社以外には見られない。脇棟梁谷飛騨正平惟貞は八王子住の大工で、棟梁として町田の諏訪神社境内社の飯縄神社本殿を手掛けている（『町田の近世建築』）

彫工の後藤巳之助矩中は牧田巳之助の名で大横町声阿弥稲荷拝殿の彫刻などを手掛けている。八王子八幡宿住の彫り物師で、この棟札で後藤派の彫物師ということが判明されている。

また、同じ彫物師の浅見治助能継は、八日市宿の出身で、寺田町榛名社の彫刻を手掛けている。その後、日野の平野家に養子に入り、平野治助能継の名で、日野八坂神社本殿の框の彫刻、同社宮神輿を手掛けている（『日野八坂神社の建築』拙稿）

○安政七年再建の棟札（写し）

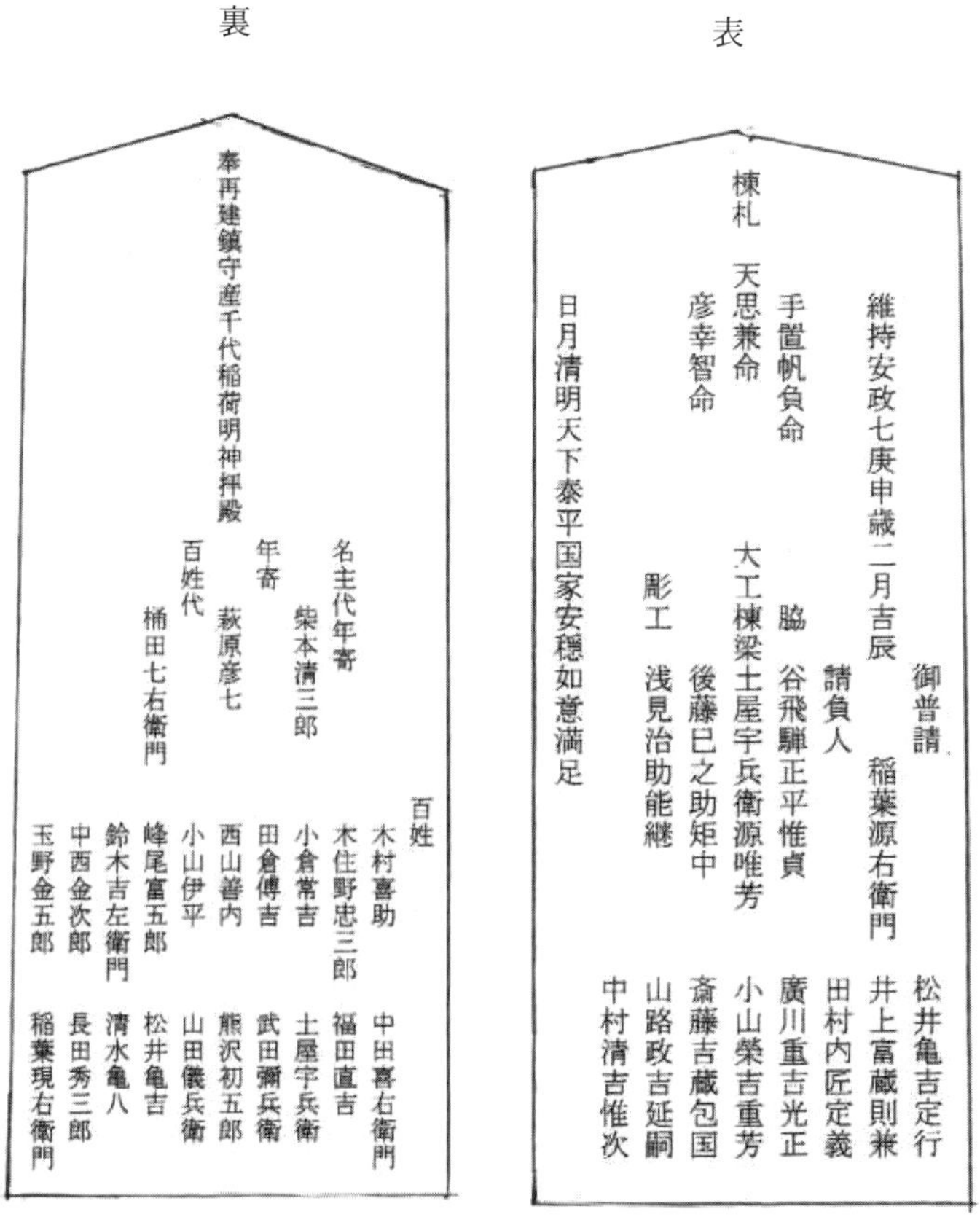
裏
奉再建鎮守産千代稲荷明神拝殿
名主代年寄 柴本清三郎
年寄 萩原彦七
百姓代 桶田七右衛門
百姓
木村喜助 中田喜右衛門
木住野忠三郎 福田直吉
小倉常吉 土屋宇兵衛
田倉傳吉 武田彌兵衛
西山善内 熊沢初五郎
小山伊平 山田儀兵衛
峰尾富五郎 松井亀吉
鈴木吉左衛門 清水亀八
中西金次郎 長田秀三郎
玉野金五郎 稲葉現右衛門
表
御普請 稲葉源右衛門
松井亀吉定行
維持安政七庚申歳二月吉辰
井上富蔵則兼
請負人
田村内匠定義
手置帆負命
脇 谷飛騨正平惟貞
廣川重吉光正
棟札 天思兼命
大工棟梁土屋宇兵衛源唯芳
小山榮吉重芳
彦幸智命
後藤巳之助矩中
斎藤吉蔵包国
彫工 浅見治助能継
山路政吉延嗣
中村清吉惟次
日月清明天下泰平国家安穏如意満足

○旧拝殿再建の棟札（写し）

戦前、村社昇格の申請に本棟札（写し）を添付して申請、昭和 20 年 4 月に村社昇格認定（「官報」記載）されたが、同年、8 月の八王子空襲で社殿、棟札とも焼失（小泉宮司調べ・令和 4 年 9 月 19 日調査）

入母屋造りの手水舎

手水舎　石段を登った左手に瀟洒な手水社がある。一間四方に支柱が立ち上げられ、虹梁四隅に「獅子頭」の木鼻、更に頭貫との欄間の「龍」の素木彫刻が組み込まれている。軒は一軒繁垂木、屋根入母屋、銅板平板葺きで、としては手が込んだ造りである。

　昭和三年の建造で、寺町の宮大工小澤美濃吉、彫刻は佐藤竹次郎光重である。共に八王子では元横山町、日吉町などの山車を建造していることで知られている（棟札参照）。

　現在の建物は、土台基礎周り、屋根などが平成九年に河井鳶工業、鈴良建設によって改修されている。

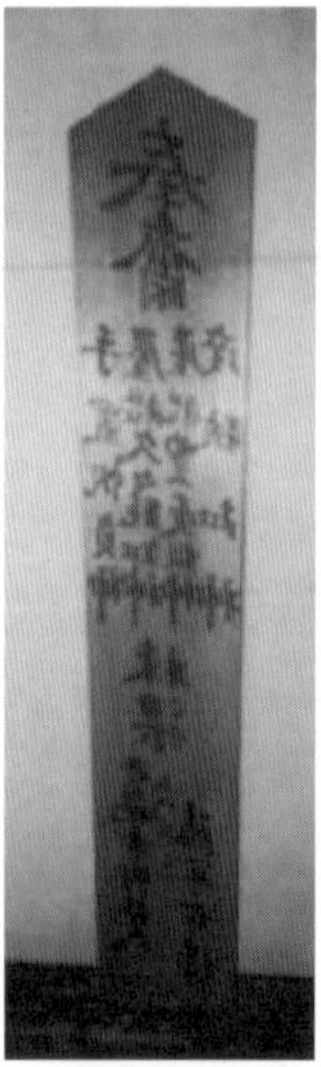

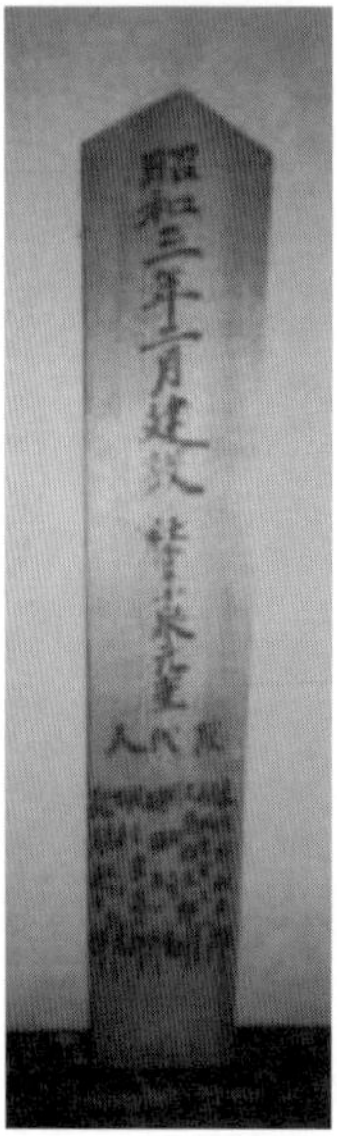

○手水舎の棟札二枚
(上)「奉斎　棟梁　當地寺町住人五代目　藤原布清」
(下)「昭和三年月建設　社宮司　小泉元重　総代人九名連記」

多賀神社

―　元本郷町　―

毎年八月に行われる八王子まつりには、この神社の宮神輿、通称「千貫神輿」の渡御が広く知られている。多賀神社は伊弉諾尊、伊弉諾棚尊の二神を祀っている。幸運なことに昭和二十年八月の戦禍にも免れ、昔ながらの境内の杜に包まれた中に鎮座している。

御影石の鳥居をくぐると、参道を挟んで右手に手水舎、左手に神楽殿、正面に拝殿、幣殿石の間（長廊下）その奥に本殿が一直線に整然と配置されている。こうした配列例は市内でも稀有である。手水舎の北側には機守神社、神輿殿などが配置されている。

昭和 50 年代の多賀神社境内

拝殿は桁行三間、梁間三間、屋根は入母屋三つ棟造りで、正面向拝無は千鳥破風に軒唐破風を付し、銅板葺きである。正面向拝柱上、虹梁両端の木鼻は「獅子頭」中備には「目貫龍」等の素木彫刻で装飾されている。この裏面には「大工萩原初造、彫工澤本晴太郎」の彫銘が見られる。なお、拝殿の奥に張り出して方二間の幣殿が付設されている。前記の刻銘から拝殿の建築は明治前期と推定される。萩原初造は十日市場(現・万町)住の大工棟梁で江戸期には萩原能登正藤原信義の匠名で、明治以降は萩原初造の本名を刻銘にしている。また、彫工の澤本晴太郎は本郷村(現・元本郷町)に住し、通称「三本杉の彫り物師」と呼ばれていた人である。

本殿　一間社切妻破風の造りで、総体朱の彩色で装飾性はなく、端正な構造、形態である。屋根は銅板平葺きである。身舎の左右に持ち送りで支えられた張出し高欄付き、切妻屋型の小屋組みが付されているのが特徴となっている。正面は身舎と向拝柱を海老虹梁で繋がれている。現在の本殿は、江戸後期以降に再建されたものと推測されるが、確認できる資料は見当たらない。

昭和四十一年九月の二十六号台風で倒壊した手水舎を建て直す折、立ち会った鳶頭の尾股惣司氏は「谷飛騨正」の墨書きがあったと話す。谷飛騨正平惟貞(本名谷幾蔵・明治九年七月四日歿)は江戸後期の八王子住の宮大工である。嘉永二年(一八四九)に町田市の真光寺飯守神社境内社の日光大権現社を施工している(『町田の近世建築』)。神楽殿は方三間、三つ棟入母屋造り、正面に千鳥破風を付す。昭和八年(一九三三)千人町宮大工、森上万蔵氏の父によって建築されたと聞く(父・相原鉄五郎談)。

本殿

東福寺

―　小宮町　―

東福寺は小宮町の八高線陸橋脇にひっそりと建っている。この地域は江戸時代、栗の須村であったことから、この寺の観音堂は俗に「栗ノ須の観音堂」の名で呼ばれている。

東福寺観音堂（栗ノ須観音堂）
相州大山寺大工、手中明王太郎の手になる

観音堂は桁行三間、梁間三間。屋根は箱棟に寄棟、銅板葺き。正面に一間の向拝を付す。四方の軒は二軒吹寄せ垂木で、軒先の線が端正で優美な品格をつくっている。正面向拝の水引虹梁両端には「獅子頭」の木鼻、更に「牡丹」の手挟みなど、素木の彫刻で構成されている。向拝正面は観音開きの板戸、外部三面は壁板、内部は四面の欄間彫刻が目を引く。

棟札によれば、文化十年（一八一三）に地元の有志井上忠左衛門、関根利兵衛など十一名の世話人が中心となって建立したもので、施工は相州大山寺大工の手中太郎忌部景直、彫工棟梁は前田新蔵である。

『神奈川県近世社寺建築調査報告書・本文編』（神奈川

県文化財保護課発行）によると、前田新蔵は八王子宿の彫物師で、文化十四年（一八一七）九月、神奈川県厚木市下川入の諏訪神社本殿彫刻を行っている。同彫物師の詳細事歴については不詳である。因みに、江戸後期の八王子周辺地域観音堂の建築例としては、あきる野市横沢の大悲願寺観音堂、町田市相原町の清水寺観音堂に見られるような装飾性の強い例に対し、東福寺観音堂は木割を重視した典型例と言える。なお、昭和五年には大工並木元吉により改修されている。

吹寄垂木、前田新蔵による木鼻の彫刻

棟札

表

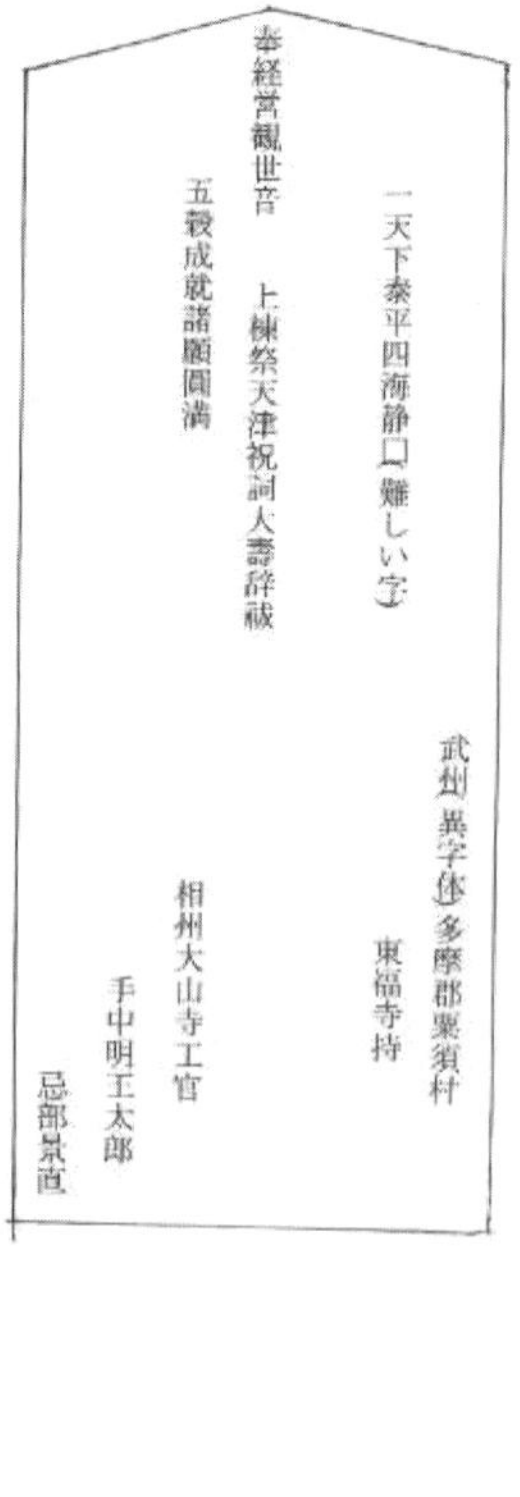

裏

井上忠左衛門
関根利兵衛
願主　當村中　干時文化十癸酉歳三月大吉日
世話人
村役人

和田術守忌部
岩埜岩次郎　枚山富五郎
高橋文蔵
北田常右衛門
出縄文次郎
斎藤兵蔵
□□□門
冨山喜右衛門　彫工棟梁
橋本定次郎　前田新蔵

桂福寺

―　戸吹町　―

桂福寺は瀧山街道、戸吹交差点の西隣にある。街道から北に伸びる参道を進むと山門、本堂に達する。山門の左手に明治初期に開校された戸吹学舎の遺構を伝える建物（校舎）がある。

山門は二層構造、屋根は宝形、檜皮葺きである。二層目に鐘楼を吊るした「鐘楼山門」の構造形式を形作っている。棟札には「鐘楼門」と墨書きされている。鎌倉山之内の浄智寺鐘楼山門とともに特異な例として貴重な建築である。

珍しい鐘楼山門

一間一戸の四脚門。正面の柱沿いに板扉を設け、両側に竹の櫛欄間の脇障子を建て込み、門の両側に袖塀を付した形となっている。上層は四面に出組斗栱の張出し回縁をつくり、四面に擬宝珠高欄を巡らす。天井中心部から釣鐘が吊るされている。総体的には、柱、板戸などが弁柄塗りで彩色され、檜皮葺きの屋根と合いまって、ある種の品格をもたせているのが、この山門の存在感を示している。屋根は昭和五十八年に葺き変えられている。

棟札によると、文政六年（一八二三）の再建、棟梁斎藤鉄蔵吉春、瀬沼惣四郎良輝、脇棟梁中村亀吉、八木岡義左衛門らにより施工されている。棟梁斎藤鉄蔵吉春は戸吹村住で、この寺の檀家である。

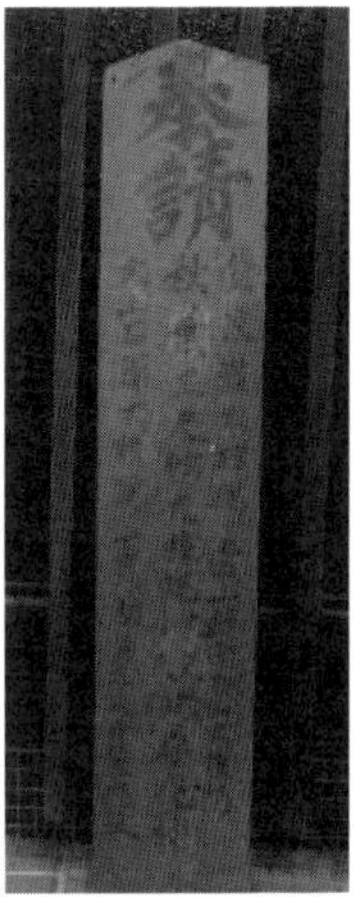

棟札

（表）

斉藤鉄蔵吉春
干時文政六　歳三月九日　棟梁
瀬沼惣四郎良輝
奉新建鐘楼門一宇當山十四代大麟
中村亀吉
并自他之諸旦那助成　脇
八木岡義左衛門　八木岡惣右衛門

（裏）

金毘羅大権現　當山鎮守白山大権現
大天狗
奉請秋葉三尺坊大権現
守夜神
小天狗
大山石尊大権現百八聞声之人罪生消滅

正福寺

―　上川町　―

秋川街道が小峰峠へと右に曲がるところで道が二股にわかれる。正面の細い道は今熊山、鳥居が建ち、直進すると、右手に正福寺、左手に平屋根の建物が建つ。秋の今熊神社の祭礼には、この寺の広場から獅子舞いが今熊神社に向けて出立する。「道行」である。

正福寺庫裡の西側の本堂は、「記録板」によれば、「旧如意輪寺本堂」と書かれている。現在の本堂の規模、形状は桁行三間、梁間三間、屋根は箱棟を設けた寄棟造り、亜鉛鉄板葺きである。正面は唐破風の向拝、後補による簡易な切妻の覆屋根で保護されていたが現在は覆屋根は取り外されている。この堂の身舎は独立棟で、正面の扉は四枚戸、両側二枚戸形式、床縁の簡素な造りになっている。形状から察すると一棟をなしていた本堂の身舎に唐破風の向拝が後年に付設されたものである。

正福寺本堂

同「記録板」によれば、天保十一年（一八四〇）に再建。棟梁は石畑村(現・瑞穂町石畑)住の鈴木内匠、彫物棟梁は熊谷の小川専蔵と書かれている（『熊谷人物事典』の「山川専蔵」は小川専蔵の誤り）。棟梁鈴木広宝は地元石畑の御嶽神社本殿、田無神社本殿などを手がけた名工である。

また、彫物棟梁の小川専蔵義長は「台ヶ島の専蔵」の名で埼玉を中心に多くの社寺の彫刻を手がけた名工である。その小川専蔵は旧如意輪寺でも冴えた技を見せている。正面向拝の頭貫の絵様繰型、木鼻の「獅子頭」や中備には「八方睨みの龍」で迫力を見せ、妻飾りでは「子供の獅子舞」で対照的な図柄である。「子供の獅子舞」は、この地の今熊神社の獅子舞をモチーフにしたものであろう。

熊谷の名工小川専蔵による彫刻

小川専蔵は埼玉県熊谷川原戸の彫物師。江戸後期に活躍した飯田岩次郎と二分した名工で、別名「台ヶ島の専蔵」または、「彫専」と称された。山口貯水池の山口観音堂、秩父上の町屋台、瑞穂町石畑の御嶽神社本殿などがある。弟子に玉ノ井の小林栄次郎がいる『熊谷人物事典』など）。

今熊神社祭礼、ササラ衣装の女子の姿

「記録版」（表）

梵字

大聖山如意輪寺者人王（皇）一百五代後柏原帝御宇（代）八月
二十一日今草創之本尊者大聖人如意輪坐像也　其後
炎状　先師俊阿法印勤而雖今再建之誠　古風□而其造不似仏閣主ハ
今歳時哉□本堂三間半　正面向拝大唐破風今再営之事　其餘庫院今
全備之也　伏願者帝王皇孫玉體安穏大樹天下御武運長久　院内
安全□興隆十方檀越當院旦那子孫繁栄風調雨順五穀成就
萬人豊楽共

武州多摩郡上川口郷畳原邑再建願主

梵字　維天保十一歳次辛丑十一月善根日　如意輪寺住法印奉聖謹誌

「記録版」（裏）

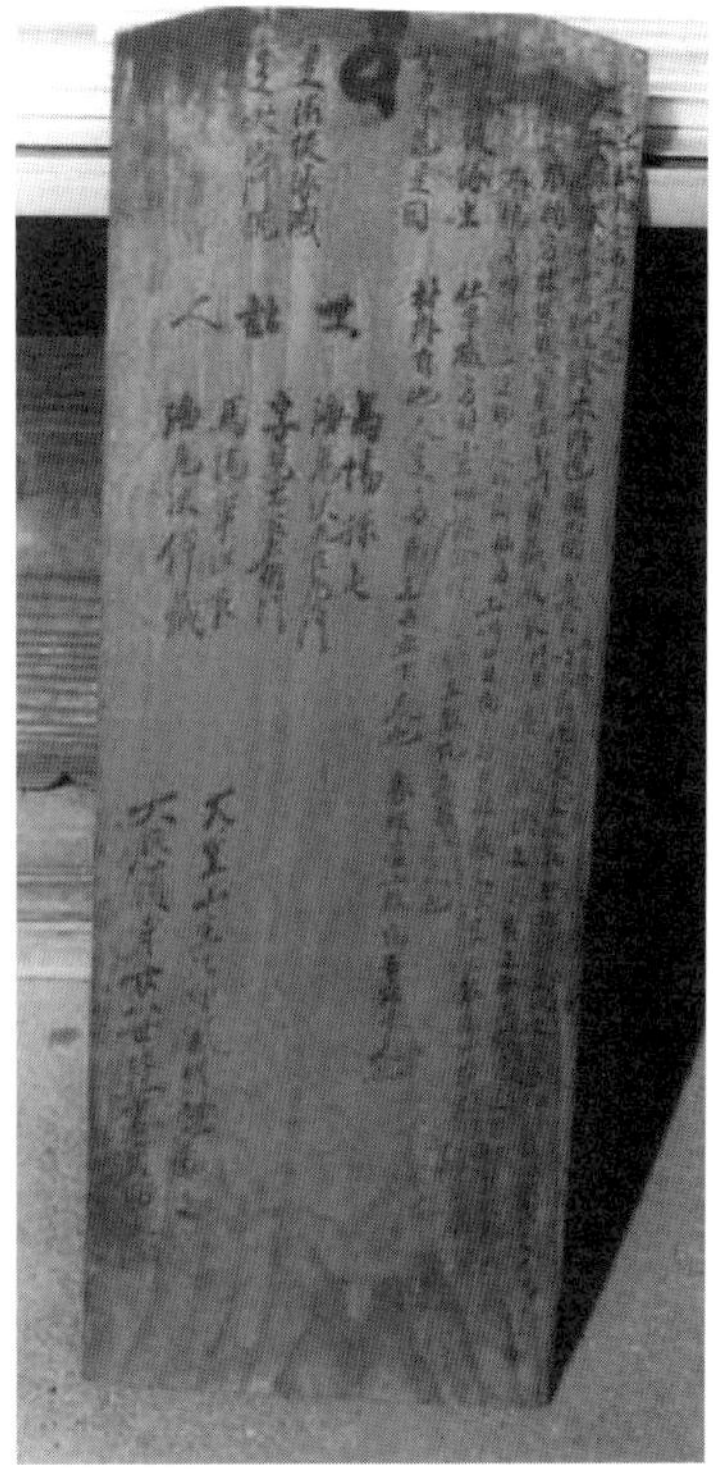

工数凡七百三十人也
人工棟梁村山石畑住鈴木内匠　彌兵衛　岩次良　竹次良　佐太郎　□次良　栄次良
友次良　□□□　□□□　伊助
彫物方棟梁熊谷在在小川専蔵義長、門弟慶三郎、鉄五郎、専之助　工数凡百五十人
木挽方棒村三之助、久五良、杣片上川口日向ヶ谷戸林蔵、久次良
　仕事職村山石畑頭分伊之助　工数二百八人也
　村内自他人員方凡三百五十人也　家根屋工数凡百五十人也
世　馬場孫七
是法提縁滅　海老沢五右衛門
話　字見太良左衛門
是大沙門無説　馬場平四良　大聖山主法印鳳明
人　海老沢伊蔵　大悲願寺十八世　助

相即寺

― 泉町 ―

八王子で相即寺は「ランドセル地蔵」の寺院として知られている。

延命閣（地蔵堂）
（『相即寺 起立四百五十年記念 写真集』より）

太平洋戦争末期に都内（府内）の学童疎開の学童を受け入れた中で、惜しくも八王子空襲で一命を落としてしまった学童の家族の意思として送られたランドセルを地蔵堂内の地蔵に奉納したことから童話作家の古世古和子が「ランドセル地蔵」の逸話を紹介したことにより広く知られるようになった。

地蔵堂　陣馬街道の旧道沿いの西蓮寺角から北へ直進すると正面に相即寺の山門が見える。その山門をくぐると、左手に地蔵堂がある。現在では「延命閣」と命名されている。

六間四面の木造、寄棟造り、下層四方に裳階（裳腰）を付す。正面入り口は升目格子の引き戸、四面腰板、上部に白壁に火灯窓を配す。上層の軒は二軒繁垂木、組物は二手先組斗に龍頭の尾垂木で組まれている。屋根は宝

相即寺本堂
（『相即寺 起立四百五十年記念写真集』より）

形、棟に露盤上に宝殊を付す。昭和五十年代に現在の銅板葺きに改修された。堂内の須弥壇には延命地蔵、コンガラ、セイタカの二童子が祀られている。過去の改修歴、建築に関わった大工棟梁などについては不明である。かつて昭和二十年代に初めて見た桟瓦葺きの地蔵堂が、歴史を感ずる建物として強く印象に残っている。おそらく明治中、後期か大正に桟瓦葺きに改修されたものと推察される。

本堂、『相即寺起立四百五十年記念写真集』記載の資料によれば、宝永三年（一七〇六）の大改修では「身舎は梁間八間、桁行八間」の規模と記されている。また、正徳四年（一七一四）棟札には「大工東中野村井上平八郎」の名がみられる。現在の本堂は寛政八年（一七九六）に再建、この再建の堂宇が現在に引き継がれている。

屋根は寄棟、頂きに切妻の箱棟。正面流れ向拝に唐破風を付す。向拝虹梁の木鼻「牡丹に獅子」、唐破風の兎の毛通しの「鳳凰」、内陣、外陣の組斗、欄間彫刻などはこの年代の作品である。平成末年から令和にかけて大改修を行っている。

西蓮寺

― 叶谷町 ―

陣馬街道、三村橋を過ぎた所から旧佐野川街道に入る。間もなく左手に西蓮寺の山門が見えてくる。山門の右手には風にそよぐ柳を前に薬師堂が見え隠れする。この寺の境内は明治以前には旧金谷寺の境内であった。山門も薬師堂も旧金谷寺時代の堂宇である。

柳が似合う西蓮寺薬師堂

山門は八脚門で三間二面で両側一間は板壁である。屋根は切妻、流れ造り。江戸後期の形状を良く残している。往時、屋根は茅葺きであったが、現在は赤色の亜鉛鉄板葺きである。建造工匠などについては不明である。

薬師堂は天正十八年（一五九〇）八王子城攻略の折、仮屋として堂内で宿泊、待機したと伝えられている。その際、火で焦がした跡が現在も残っているという。桁行三間、梁間三間、屋根は箱棟に寄棟造り。昭和三十五年の東京都による改修で茅葺きを銅板葺きに吹き替えられた。

『都重宝西蓮寺薬師堂修理報告書』（昭和三十六年十月発

行）によると、昭和三十五年二月から昭和三十六年十月にかけての大改修では、正面の向拝を撤去し、身舎からの流れ向拝に、その他正面の木階段を御影石段、廻り床縁の高欄、脇障子を撤去、内部中央の天井を鏡板、箱棟を茅葺き形状の箱棟などにそれぞれ変更、改修し、旧態に近い形に復元した。

更に、この改修時に建造を証明する大量の墨書きが発見され、その経緯の状況が明らかにされた。古くは文明二年（一四七〇）、寛永五年（一六二八）、延宝九年（一六八一）、宝永二年（一七〇五）の改修経緯を伝えている。貴重な墨書きである。宝永二年三月の改修には犬目村大工平尾清太夫、石川村立川五郎兵衛、川口村永嶋七右衛門などの工人の名が見られる。

墨書き（『都重宝西蓮寺薬師堂修理工事報告書』所収より）

その一　大梁下端墨書き

長左門勘三良
延宝九辛酉正月十二日　大工　天野武左門嘉右□
直衛門長兵衛

その二　大梁上端中央□墨書

九年
延宝
□□□志□□□
施主忍識
正月十二日

その三　大梁下端墨書

発田村より当寺
三代初之住持
忍識

その四　大梁側面

右ハ文明弐年□□源□造立□□
(斎か)
武田右京□□大工奉行□屋長谷川□
寛永五年辰ノ年存良□
五代の住持玄利法印造立修復
干時宝永二年□乙ノ酉正月十日ニ初而
(極まるか)
三月普請□　□

犬目村　□□村　同　村
大工　平尾清太夫　松山五太夫　喜兵衛
石川村　別所村　大□村
立川五郎兵衛　瀬沼八兵衛　瀬沼清八郎
川口村大柳村　大柳村　□□村
永嶋七右衛門　沢田伴左衛門　木挽　重左衛
太郎左衛門
□□□□

高乗寺

―初沢町―

高乗寺は曹洞宗多摩八大寺の一つに数えられている名刹である。高尾駅の西踏切を渡って「総門跡」の標石から初沢川に沿って、緩い坂道を高乗寺へと足を運ぶ。八分程歩くと視界が広がり、右手に庫裡、鐘楼が目に入る。庫裡の南側に本堂が建つ。桟瓦葺きの端正な寄棟造りの本堂は、八王子の寺院建築中、最も美しい堂宇の一つである。

桟瓦葺きの美しい高乗寺本堂

棟札によれば、明治十六年（一八八三）五月に再建施工に当たった棟梁は相模国愛甲郡半原村柳川左仲郎と記されている。「半原大工」の施工である。その後、昭和二十八年（一九五三）五月、本堂の屋根が改修され、現在見られるような流麗な堂宇に変貌した。改修に当たったのは地元浅川の宮大工峰尾忠三である。

本堂は桁行六間、梁間六間、屋根は寄棟、桟瓦葺き、梁間二間の流れ向拝を付す。端正な造形である。総体的に、寄棟造り野筋の反りの線と棟瓦、桟瓦葺きが美しさと品格の高さを形づくっている。施工に当たった峰尾忠三の感性の素晴らしさを感じる。桁や梁、垂木などは明治再建時のものである。

半原の大工は江戸後期、柏木、矢内、柳川、河内といった匠家が活躍したことで知られているが、八王子の作例はこの高乗寺本堂、由木・永林寺本堂、北野天満宮など代表作品であるとともに、昭和の改修を手掛けた峰尾忠三は若くして他界した大工で、八王子の宮大工小町小三郎門下の筆頭大工で「大忠」の別名で知られた大工である。この本堂は峰尾忠三の数少ない作品の一つである。この他、昭和八年（一九三三）、小町小三郎門下の一人として高尾山薬王院客殿の施工に携わっている。

棟札　昭和五十三年二月十一日調査（党内に掲額された「棟札の写真」より書き写す）

その一　（明治十六年、本堂再建）

小埜澤定吉
明治十六年五月穀旦三十一世鐵額代善請誉（人偏付きの字）當
金子善兵衛
本殿奉請十方當住三寶尊祷山門繁盛諸縁吉祥収（異字体）
大貫林之輔　大貫傳之輔　相模国愛甲郡半原村
山口平太夫旦家総代　棟梁
栗原繁治　窪田儀兵衛　柳川左仲郎

その二　（昭和二十八年　本堂屋根改修）

大貫鎌八　相州愛甲郡半原村
執事哲大典座　世話人　萩原傳之承　脇棟梁
設楽政吉　河井倉之輔

願主　當山三十四世　道契
昭和二十八巳年五月吉日本堂屋根　改修
住職　當山三十三世　良明
龍天護法善神傳譯山門繁盛諸縁吉祥収（異字体）
浅川町中宿
護摩　般若波羅蜜　棟梁
峰尾忠三
功願主　當山卅二世心持戒口大和尚

総代　世話人　建設委員
山口平太夫　町田賢次　小野澤孫兵衛
執事信孝　大貫　七　萩原　清　野島周太郎　山梨県如内村
栗原　設楽政治　串山延藏　元部延藏貸（旧字）足
大貫角五郎　智治
大貫善太郎　設楽軍治
加藤　清
縣　欽次郎

高尾山薬王院

— 高尾町 —

大本山高尾山薬王院は、成田山新勝寺、川崎大師平間寺とともに、真言宗関東三大霊場の一つである。大本山高尾山薬王院は中興開山以来、飯縄大権現を本尊とする真言寺院の二重の性格を持つ、寺神社である。

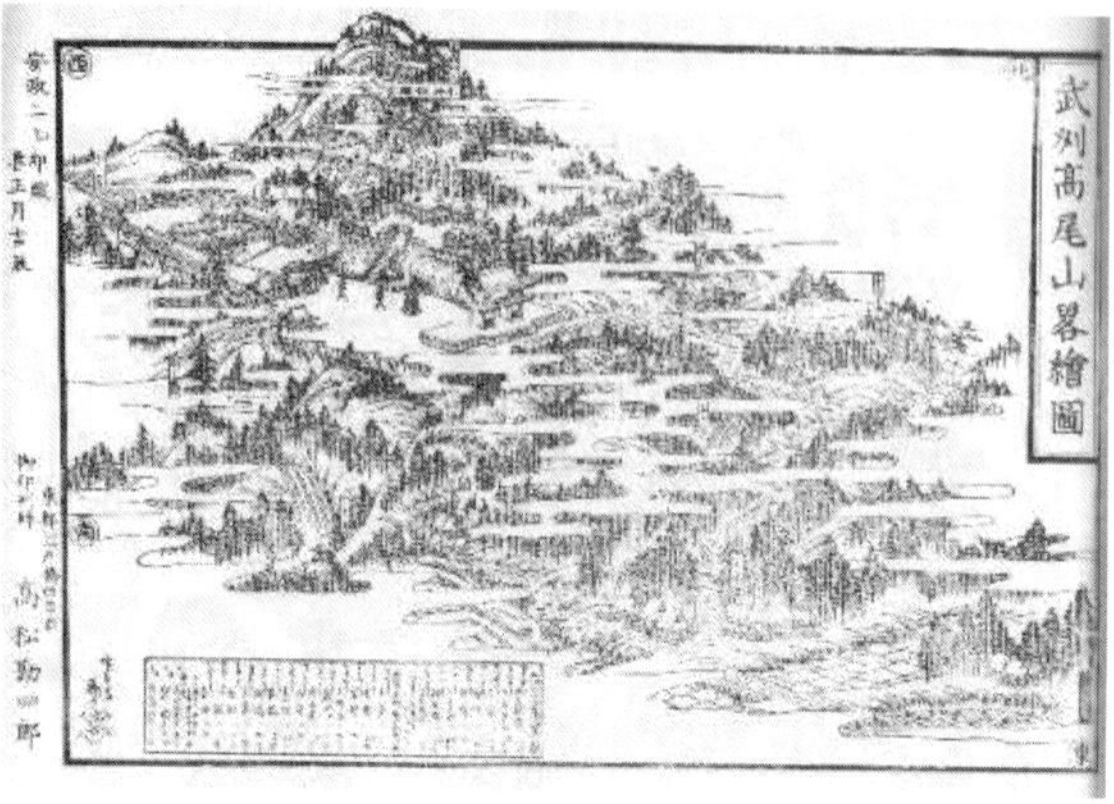

「武州高尾山略絵図」（八王子市郷土資料館蔵）

創建は天平年間、行基菩薩が薬師如来を祀ったと伝えられており、薬王院の名の淵源を示している。その後、中世において俊源大徳により修験の霊場として水修業、火渡りの修行、回峰修行など、修行霊山の性格を持った山岳仏教の寺院として現在に及んでいる。

山腹の山門をくぐると、案内所、休憩所、売店などが立ち並ぶ中を過ぎて、右手の石段を上がると本堂と右手に鐘楼が配置されている。毎年二月三日には本堂で節分会の豆まきが行われる。更に左手の石段を上って行くと、飯縄権現堂があり、権現堂の裏に進むと大師堂がある。前記の本堂より左に進むと庫裡、事務所などがあり、高低差を利用した伽藍配置となっている。

現在見られるような薬王院の山容整備がされたのは、江戸後期の安政二年（一八五五）で、「武州高尾山略絵図」により山容俯瞰をすることができる。飯縄権現堂、薬王院本堂、仁王門、鐘楼堂、不動堂、大師堂などの諸堂が見られる。更に、明治以降、大正、昭和にかけて堂宇の異動と建造の整備を経ている。諸堂ある中、ここでは仁王門、本堂、飯縄権現堂など七例を記述する。

有喜寺仁王門

仁王門　山門を後にして間もなく右手の石段を上ると仁王門が現れる。三間一戸八脚門、屋根は寄棟造り。頭貫上の中備には蛙股が付され、軒裏は繁垂木の化粧垂木である。

昭和三十七年の改修により、軒裏の化粧垂木などの彩色、仁王像周囲の金剛柵の整備、寄棟屋根のこけら葺きを改修している（『昭和三十七年修理報告書』）。

江戸期の改修は不明。仁王像が安永四年（一七七五）に改修されていることから同年代に改修としている（『前出の報告書』）。その後は明治十三年（一八八〇）に八王子大工小町粂之丞、後に小町家の当主になる小三郎が当たっている。※注・前出の報告書では

「大工同郡　小町粂之□
　門人　　小三郎
　　　　□　□

と記されているが、「小町粂之□」は「小町粂之丞」のことである。

本堂　入母屋造り。桁行三間、梁間三間、屋根は流れ銅板棒瓦葺き、身舎正面は千鳥破風、向拝は軒唐破風を付す。軒は繁垂木、組物は二手先斗栱、床縁には高欄を巡らす。正面唐破風の懸魚「飛龍」、水引虹梁上の中備「目貫龍」をはじめ、向拝柱の木鼻、脇障子など、迫力のある彫刻で目を見張らせている。なお、新年初詣や節分会追儺式での高欄付きお立ち台は本堂身舎に後補したものである。

高尾山薬王院有喜寺本堂

安政二年(一八五五)の「武州高尾山略絵図」によると、現在の本坊、宿坊の場所に有喜寺本堂が見える。明治一九年(一八八六)九月の土砂崩れで本堂が崩壊、その後、同三十四年に薬師堂があった現在の場所に本堂を再建した。棟梁は若干三十歳を出たばかりの八王子の小町小三郎、大久保金五郎など、彫刻師は身延山久遠寺祖師堂などを手掛け

胴羽目彫刻

飯縄権現堂拝殿

た東京本所の名工二代小松重次郎光重が当たっている。

飯縄権現堂 薬王院の本尊、飯縄権現を祀っている。本堂の左手の石段を登ると朱色の鳥居、そして正面に飯縄権現堂がある。拝殿の正面左右には本尊飯縄権現を守る二基の天狗像が立っている。「権現造り」である。飯縄権現堂は拝殿、幣殿、本殿が一体となった「権現造り」である。社殿は総体、弁柄塗装と彩色、金箔押し、装飾彫刻による優美華麗な江戸後期を代表する社殿建築である。

拝殿の身舎は桁行三間、梁間三間。屋根は入母屋造り。本瓦銅板葺き、正面は千鳥破風、向拝間口一間奥行一間、正面に唐破風を付す。本瓦銅板葺き、軒は二軒繁垂木、組物は三ツ斗、拝殿正面身舎と向拝柱を繋ぐ海老虹梁は「龍」、唐破風懸魚は「波に亀」、手挟みは「牡丹」、壁板などに精緻な彩色彫刻で飾られている。拝殿の彫刻は群馬県花輪の星野政八藤原昌興を中心に藤喜惣治藤原正純らが当たっている（『飯縄権現堂修理報告書』）。

拝殿の奥は幣殿、本殿と繋がっており、本殿は一間社、屋根は入母屋造り、向拝は流れ造り。銅板本瓦葺きである。身舎三面の胴羽目、左右の脇障子は彩色彫刻で飾られ、軒は三手先の組み物、二軒繁垂木など、優美華麗な建築美を創っている。

平成十年に拝殿、幣殿、本殿三殿の彩色修理をした前記の『髙尾山薬王院飯縄権現堂修理報告書』によれば、江戸中期以降の三殿改修の経緯を残した棟札、墨書きなどが多数確認されている。その中で本殿は享保十四年（一七二九）、に地元案内村（現・裏高尾町）の大工棟梁栗原佐兵衛能正、政右衛門能常父子、立川村大工中嶋七兵衛により再建されている。その後、宝暦三年（一七五三）以降、安永、文化元年（一八〇四）の長い年月をかけて、武州大里郡上吉見領村岡住の須永織江源信安、直吉源元晴父子が三殿を含めて大改修を行い、現在見られるような絢爛豪華な社殿を創り出している。

本殿

本殿彫刻は安永九年（一七八〇）に群馬県花輪の彫物師初代石原雅談と門人桑原新蔵金子半七が、また、文化元年（一八〇四）には同じ花輪村の星野昌興が拝殿海老虹梁の「龍」、木鼻の「獅子頭」「獏」などを手がけている（『同書』）更に、弘化四年（一八四七）に、文化の大風で倒壊した拝殿を八王子大工棟梁小町若狭源金義が再建。上記の資料は神祇管領から授与された

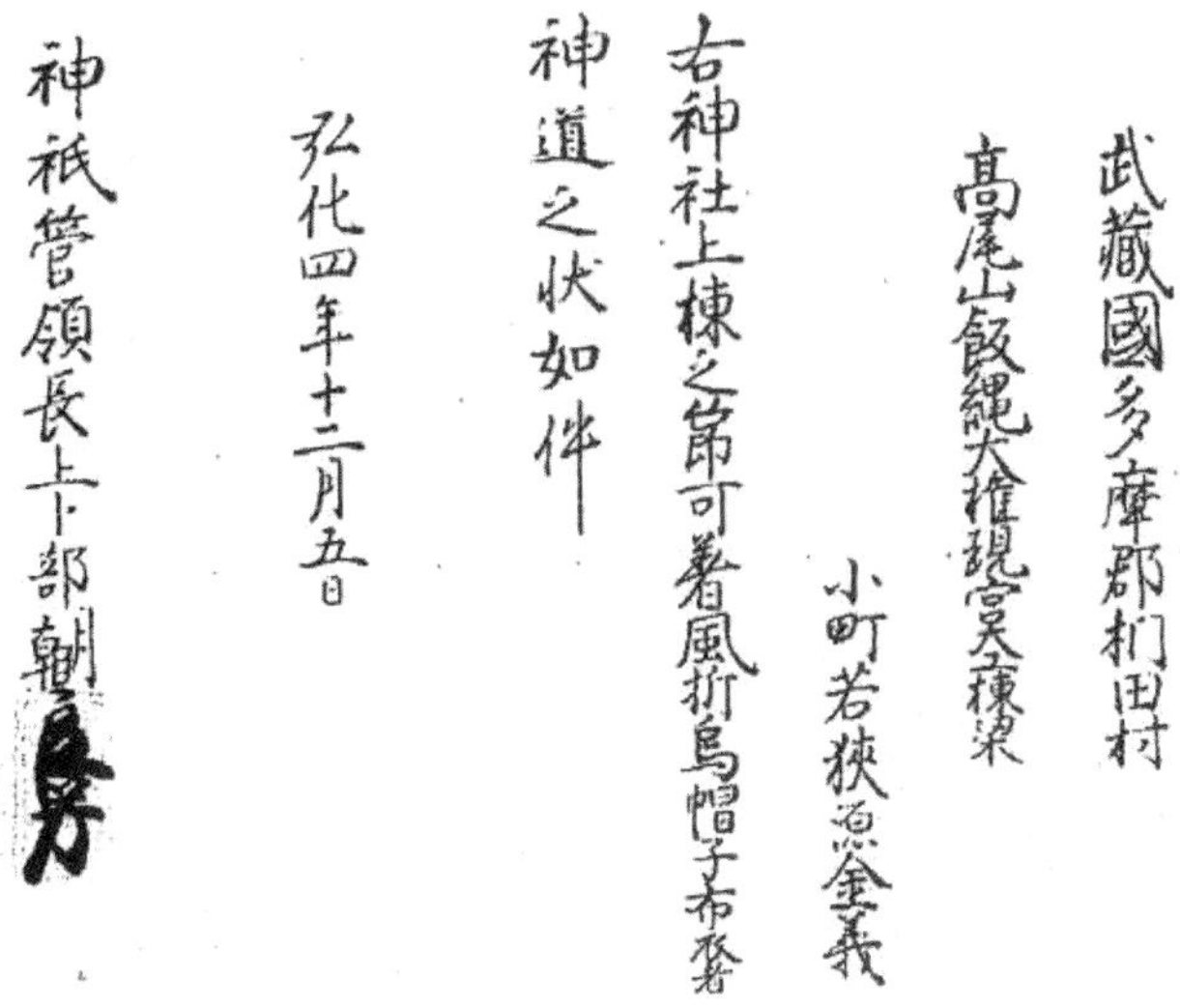

武蔵國多摩郡椚田村
高尾山飯縄大権現堂大棟梁
小町若狭源金義
右神社上棟之節可着風折烏帽子布袴
神道之状如件
弘化四年十二月五日
神祇管領長上卜部朝臣

弘化 4 年（1847）高尾山飯縄権現堂上棟式時に伴い、神祇官領より授与された証書」（小町家所蔵）

証書である（小町家所蔵）。この再建では旧材を活かした施工で、文化年間の豪華華麗な社殿を再現した。五年後の安政二年（一八五五）に描かれた「武州高尾山略絵図」は山内の諸堂が整備された状況を描いたものと思われる。

この飯縄権現堂に携わった、小町若狭源金義以降。八王子大工棟梁小町家は後継の小町小三郎（府中出身。旧姓宇田川小三郎）が前述の薬王院本堂、飯縄権現堂本殿改修、仁王門、清滝不動堂、客殿など、江戸後期以降、明治、大正、昭和前期にわたり、「高尾山大工」として山容整備に尽力されることとなる。

○飯縄権現堂棟札、墨書き（『同堂修理報告書』掲載）を再掲することとする

一、棟札

享保十四年棟札　総高八九・三糎　巾 上二〇・九糎 下一九・三糎　厚一・一糎　材質杉

表

聖主天中天　加陵頻伽聲　哀愍衆生者　我等今敬礼

奉造営飯縄大権現宮祠一宇右為 令法久住利益人天 天下泰平国土安全 助成壇越家内安寧 転禍為福之折

旹　享保一四己酉年　十月初八日

別当 高尾山住法印秀恵　敬白

大工棟梁 武州上椚田案内村 栗原佐兵衛　能政
同国立川村 中嶋七兵衛　清重
佐兵一子 栗原政右衛門能恒

裏

我此土安隠　天人常充満

園林諸堂閣　種々宝荘厳

宝暦三年棟札　総高一一二・〇糎　巾上一三・〇糎 下一〇・五糎　厚一・四糎　材質樅（裏面を文化二年棟札とする）

表

南無堅牢地神与楽眷属

　山内安全人法繁昌助精壇越　諸願成就

宝暦三酉年
再建　当山第十七世権僧正　秀興代

南無五帝竜王侍者眷属

御作事平之内門人
武州大里郡上吉見領村岡村住人
大工　須長織江源信安　忰　直吉源元晴

裏

文化二年棟札（宝暦三年棟札の裏面に）

文化乙丑ノ年　当山現住第十八世
聖主天中天　迦陵頻伽声　大僧都法師　秀神造立之
令法久住利益人天

卍　奉再建飯縄宮幣殿拝殿右為　天下泰平国土安穏
哀愍衆生者　我等今敬礼
三月十五日

大正十五年棟札　総高八五・〇糎　巾上二二・〇糎 下一七・五糎　厚〇・八糎　材質樅

表

聖主天中天　加陵頻伽声　大正十五年
令法久住利益人
当山中興第二十八世範亮
敬白

奉修繕飯縄権現御本殿右為　助成檀越信徒　家内安寧
転禍為福　祈攸

哀愍衆生者　我等今敬礼　天下泰平国土安全
三月吉祥日
大工棟梁　八王子　小町小三郎
屋根飾　東京　銅茂

裏

我此土安隠　天人常充満

園林諸堂閣　種々宝荘厳

二、墨書および銘文

(一) 本殿小屋束墨書

于時享保十四酉年後九月取建焉

棟梁　粟原佐兵衛　中嶋七兵衛

御手伝　心籠房　心鏡房

(二) 本殿高欄擬宝珠刻銘

武州多麻郡　高尾山　飯縄大権現

御宝殿　享保十六辛亥歳　寺務薬王院　法印秀憲

御鋳物師　横川村　加藤甚助藤原往清

(三) 本殿天井板裏面墨書

元文四未三月之書上ル

木挽町いせ屋初助之書

(四) 本殿内法壁彫刻裏面墨書

彫工　上州勢田郡花輪宿　石原常八雅設

同所　桑原新蔵　行年十六才

安永九庚子歳　九月

寺務権僧正　秀興　休隠比丘　秀憲

(五) 本殿支輪裏面墨書

安永九庚子天

彫工　上州勢田郡花輪宿　松嶋金蔵

同所　金子半七

彩色　同所　前原兵蔵忠義

(六) 拝殿毬毬板彫刻裏面墨書

本社惣彫物彩色新規建立

改元文化元甲子年十一月建始

当山十八世秀神建立

(七) 拝殿向拝白狐彫刻下端墨書

本社　惣彫物彩色新規建立　文化元甲子年十一月建始

白狐二元ハ無此度新規ニ附

当山　第十八世　秀神建立

(八) 拝殿向拝正面竜丸彫り彫刻下端墨書

幣殿拝殿建替　エビ紅梁竜　二ツ

当山現在　日貫竜　一ツ

秀神代　白狐　二、

二、墨書および銘文

(一) 本殿小屋束墨書

干時享保十四酉年後九月取建焉

棟梁　栗原佐兵衛　中嶋七兵衛

御手伝　心龍房　心鏡房

(二) 本殿高欄擬宝珠刻銘

武州多麻郡　高尾山　飯縄大権現

御宝殿　享保十六辛亥歳　寺務薬王院　法印秀憲

御鋳物師　横川村　加藤甚助藤原往清

(三) 本殿天井板裏面墨書

元文四未三月之書上ル

木挽町いせ屋初助之書

(四) 本殿内法壁彫刻裏面墨書

彫工　上州勢田郡花輪宿　石原常八雅誠

同所　桑原新蔵　行年十六才

安永九庚子歳　九月

寺務権僧正　秀興　休隠比丘　秀憲

(五) 本殿支輪裏面墨書

安永九庚子天

彫工　上州勢田郡花輪宿　松嶋金蔵

同所　金子半七

彩色　同所　前原兵蔵忠義

(六) 拝殿琵琶板彫刻裏面墨書

本社惣彫物彩色新規建立

改元文化元甲子年十一月建始

当山十八世秀神建立

(七) 拝殿向拝白狐彫刻下端墨書

本社　惣彫物彩色新規建立　文化元甲子年十一月建始

白狐二元ハ無此度新規ニ附

当山　第十八世　秀神建立

(八) 拝殿向拝正面竜丸彫り彫刻下端墨書

幣殿拝殿建替　エビ紅梁竜　二ツ

当山現在　目貫竜　一ツ

秀神代　白狐　二、

奥の院不動堂

宮殿仕様積り書（『半原宮大工矢内巧家組系譜』より）

不動堂　飯縄権現堂から更に奥に登っていくと不動堂がひっそりと建っている。「奥の院」とも呼ばれている。桁行三間、梁間三間。屋根は宝形造り、檜皮型銅板葺き、正面には流れ向拝を付す。身舎四方を板戸で囲む。頭貫上は三ツ斗組物、二軒扇垂木、内部屋根の小屋組では梁の中央に心柱を立上げ、頂きの露盤の上に宝珠を固定化している。

江戸後期の文化一二年（一八一六）の大風雨により倒壊した後、安政二年（一八五五）に再建された。再建に当たったのは前年の一の鳥居に引き続いて、半原大工棟梁の矢内但馬である。『半原宮大工矢内巧家組系譜』には請負証文や仕様見積書「宮殿（不動堂を指す）組斗下絵図が掲載されている。

再建当時は茅葺き、その後、大正三年（一九一四）の改修、更に、昭和三十二年から三十四年にかけて外部の守衛所の撤去をはじめ、内陣の天井改修、屋根の改修(野筋の撤去銅板貼替など)の大改修を経て、現在に至っている(『同修理報告書』)。

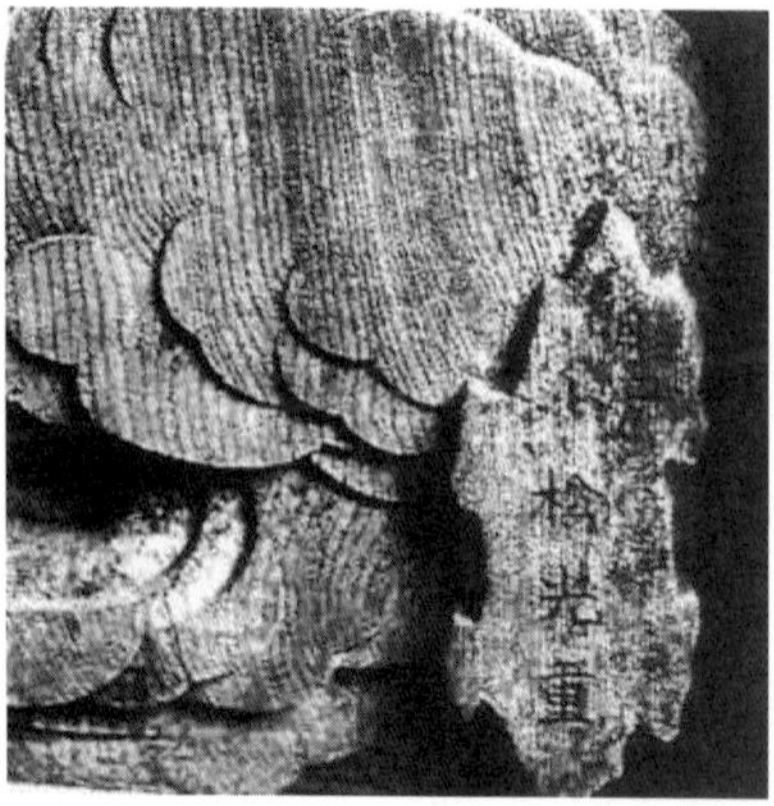

「小松光重」の刻銘　琵琶滝不動堂

琵琶滝不動堂　髙尾山琵琶滝は修験者の水行の道場として知られた場所である。ケーブルカー駅の手前、左手の登山道を登って、二十分程で琵琶滝に着く。この滝壺では修験者が白装束で滝に打たれて行う「水行」が見られる。

滝壺の右手に琵琶滝不動堂がある。桁行三間、梁間三間、屋根は宝形造り、銅板葺き、正面に一間の流造りの向拝を付す。他の奥の院大日堂、大日堂と同様の造りである。

江戸中期に、半原大工棟梁矢内氏が建造に関わっているとされているが、詳細は不明である。現在の堂宇は明治十七年（一八八七）薬王院本堂を施工した小町小三郎が手がけた。年代は明治後期と推定される。彫物師は本堂の彫刻を手掛けた小松光重である。正面身舎の脇障子「文殊菩薩」の彫刻右下に「彫工小松光重」の刻銘がある。

小松光重は東京の彫物師で小町小三郎との仕事は薬王院が初めてである。以降、八王子の南町、大横町、追分町などの山車彫刻や相州大山寺不動堂の八枚戸などを手掛けている。

熊野神社

―東浅川町―

東浅川町の熊野神社は甲州街道と町田街道起点側の小高い所に鎮座している。昭和五十三年に始められたいちょう祭りの関所が設けられて、広く知られるようになった。古くから「おくまん様」の名で多くの崇敬者を集めてきた。

熊野神社本殿

本殿は覆屋の中に鎮座されている。一間社、入母屋造り、正面に唐破風流造の向拝を付す。小社にも拘わらず精緻な素木の彫刻が施された江戸後期の典型的な社寺建築である。身舎の三面胴羽目には「司馬温公。亀割の図」など、精巧な素木彫りをはじめ、床下の三手先の腰組、胴羽目上の三手先組物、更に軒裏の二軒繁垂木など、小社にしては手の込んだ造りである。覆屋のため暗いのが惜しい。

棟札によれば、寛政三年（一七九一）上椚田村原の総代大貫傳左衛門など氏子の人々の発願により建造されたもので、建築に当たった棟梁は大里郡吉見領村岡住の大工棟梁須永織江藤原信安である。

須永信安は宝暦三年（一七五三）に髙尾山薬王院飯縄権現堂の造営に関わっていたこともって、本社造営に当たって棟札にも「奉納供養髙尾山薬王院」と、その名が見られることから地元、原の氏子総代大貫氏などが本社の造営を依頼したことが考えられる。なお、須永信安は熊谷、東松山をはじめ、多摩地域では日野八坂神社本殿などを手掛けている棟梁である。

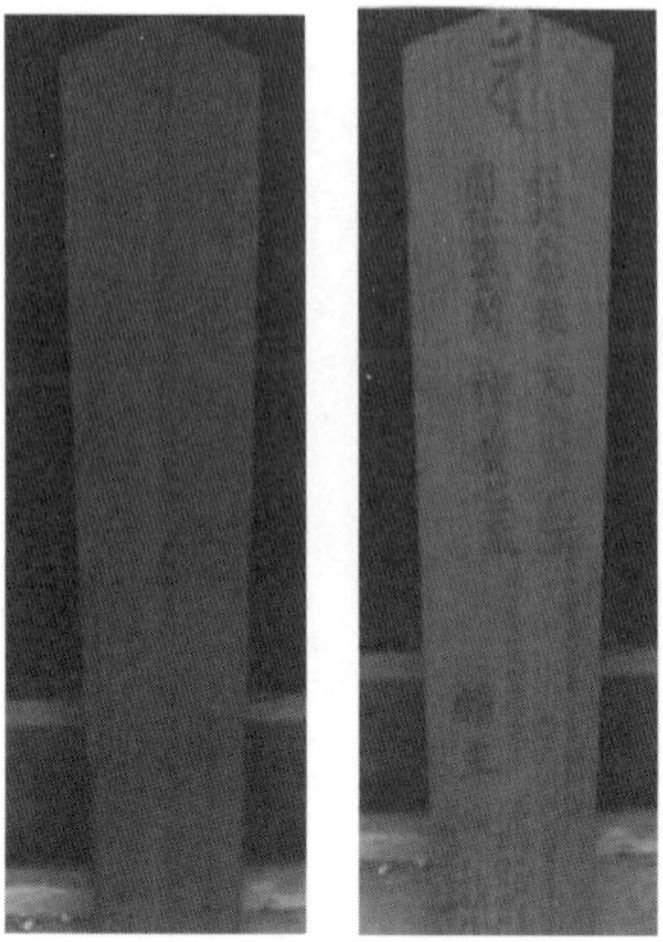

棟札

（表）

武州國大里郡上吉見領村岡村
棟梁　須永織右藤原信安
武此土安穏　天人常充満
同多摩郡上椚田村之内原
梵字
大貫傳左衛門
國並諸堂　種々寶荘厳
同　善助
願主
石川元右衛門
惣氏子中

（裏）

供養□□髙尾山薬王蜜院
卍　奉造立熊野権現社一宇右爲令法久住利益人天下泰平国土安全村中興□氏□□
権大僧都法印秀神敬白

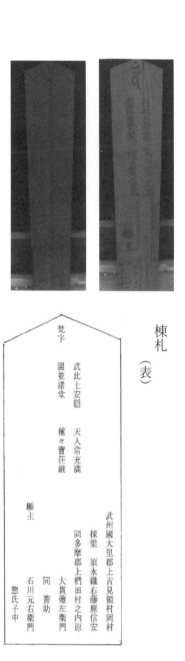

広園寺

― 山田町 ―

広園寺は昔から「山田の本坊」の名で知られた京都・南禅寺派中本山の名刹である。京王高尾線山田駅から徒歩十分程である。駅前から富士森公園へ通ずる道を北へ二百メートルの角に『兜率山廣園禅寺』の石碑が建つ。西に向かって歩いていくと杉木立が見えてくる。右手の奥に広園寺の塔頭の永明院の佇まいが目に入る。その西側一体の林が広園寺境内である。

昭和 30 年代の広園寺（『八王子市の文化財』より）

江戸時代には「山田三十六坊」と呼ばれ、数多くの塔頭が本坊の周辺に配されるなど、その偉観は『武蔵名勝図会』にも描かれている。現在も総門、山門、仏殿、方丈などが回廊式の板塀で囲まれ、大寺の風格を残している。

広園寺の最大の特徴は、総門、山門、仏殿、方丈（本堂）、庭園と南北に一直線に配置された典型的な禅宗様式の下欄配置である。

こうした明確な伽藍を持つ寺院は多摩地域では数少ない寺院の中でも筆頭に数えられる寺院の一つである。

その線を軸に昭和後期に建築された客殿、江戸後期の鐘楼堂、方丈と左手の奥の開山堂など、八棟の堂宇が境内を形づくっている。境内は木立に覆われ、静寂な環境を維持している。山門、仏殿、方丈、開山堂は東京都指定有形文化財に指定されている。

寺格を象徴する山門

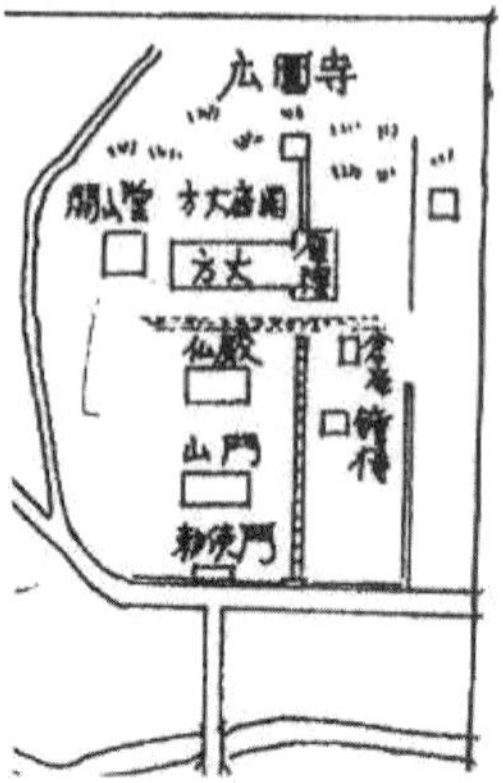

境内・伽藍略図

山門　戦国末期に八王子城攻略の際に焼き討ちされ、その後再建されたのが現在の山門である。三間一戸、十二脚門、二層入母屋造り、裳腰付き、銅板平葺きの大門である。昭和三十年前半頃までは茅葺きの屋根であったが、三十六年の改修工事により、現在見られるような形になった。寺格を象徴する風格を感じさせている。

小屋組みは十二脚の円柱を主柱とした二層構造、昭和三十六年の屋根修理は下層部分の屋根(裳腰)の旧態を残した桟打ち形式の板張りとし、上層は躯体四方にわたり、高欄を巡らし、躯体は板壁と板戸で覆っている。頭貫上は三手先斗栱と二軒繁垂木などで屋根を支えている。入母屋造りの屋根は銅板平葺きに改修された(『広園寺山門保存修理工事報告書』)。

同『報告書』によると、現在の山門は江戸中期に再建、

本尊弥勒菩薩を安置する仏殿

その後、文政六年（一八二三）、安政七年（一八六〇）、明治三〇年（一八九七）、そして昭和三六年（一九六一）、平成六年（一九九四）にわたり改修されている。

仏殿　山門をくぐると正面に仏殿が目に入る。箱棟に寄棟造りの堂宇は動じない風格を見せている。石積み基壇の上に建つ仏殿は桁行三間、梁間三間、正面は四枚扉、両側は縦格子の入った板壁、左右背面の壁面も同様に覆っている。架桁上は三手先の組物で屋根の小屋組みを支えている。屋根の軒は二軒繁垂木、先端は飛燕垂木となっている。平成十五年の修復は主として屋根の改修工事で、檜皮型銅板葺きに変えられた（『同修理工事報告書』）。

堂宇は前記『報告書』によると、「文化十三年（一八一六）の再建」と記されているが、『東京都の近世社寺建築』には「文化八年」（一八一一）、棟梁は秋間源之亟ほか」となっている。室内の天井には「二匹龍」が描かれている。墨書きには菅原洞斎の落款が見られる。

方丈　仏殿の奥の石垣が東西に築かれた平地の方丈（本堂）は、桁行八間、梁間五間、屋根は単層寄棟造り、棟は箱棟、軒は二軒繁垂木、銅板平葺きの大屋根が偉観を呈している。右手には方丈に接続して入母屋造りで千鳥破風の玄関が正面に見える。方丈の裏手には山の斜面を背景に方丈庭園が配されている。池に映る四季の風情が見る人の心を和ませてくれる。

方丈の間取りについて、『本堂修理報告書』を見ると、中央に仏間が設けられ。室中に須弥壇を配置、正面に「方丈」の額が掲示されている。左右、後面に五間(部屋)と小部屋からなり、南側には幅一間の通し廊下が配されている。各間の間仕切りは襖障子、欄間は竹節筋交い、天井は杉板桟張りとなっている。更に南面軒下に外床縁を巡らしている

桁行八間の方丈と玄関、裏には方丈庭園がある

また、方丈の修理歴について『同報告書』によると、享保六年(一七二一)以降、文政、天保と修理がされている。天保三年(一八三二)の修理に当たった棟梁、大工は秋間多中藤原近吉、北嶋中務藤原親寛、有山多門藤原國信の三名の名が見られる。棟札、墨書きから見ると、代々広園寺大工として関わってきた秋間家の当主、秋間多中棟梁を主軸として、脇棟梁二人を従えて大修理を施工したものと推察される。
明治以降では明治六年(一八七三)に八王子寺町の小澤美濃藤原布晴が額を奉納していることから見ると、方丈修理に当たったものと推測される。更に大正十年(一九二一)には茅葺き屋根をトタン葺きに替えている。二年後の関東大震災により境内の諸堂が大破、中でも玄関は全壊、同年復旧し

鐘楼（左端）と総門を望む

○鐘楼再建の棟札（天保三年）裏

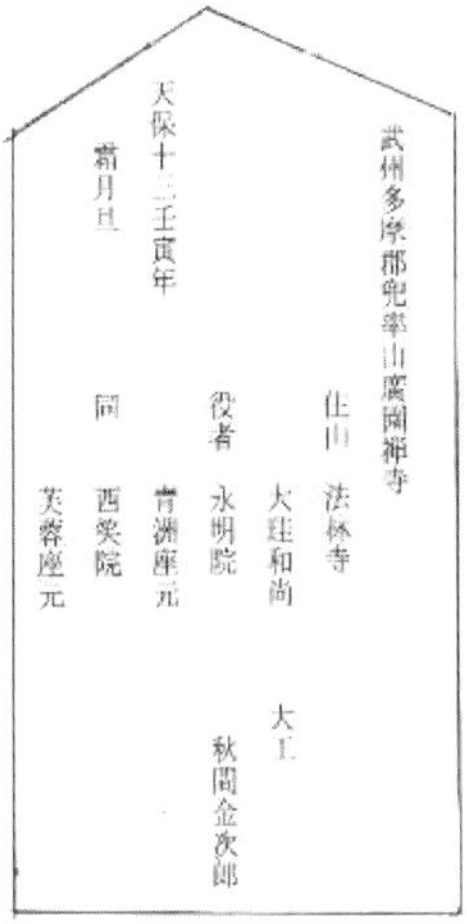

（『修理報告書』より）

たと記録されている。

鐘楼堂　新築された客殿の北側に鐘楼堂がある。一間一戸、（桁行一間、梁間一間）基礎上に四本柱を建て付け、軒は一軒扇垂木、屋根は宝形、檜皮葺き型銅板葺きである。棟には露盤に擬宝珠を乗せている。

通常、鐘楼は二層構造、下層が「鎧腰」の板張りで上層部に鐘を取りつける例が多く見られるが、本寺の例は僅少である。

『修理報告書』によると、建造は天保十三年（一八三四）に本寺の施工を代々引き継いでいる秋間金次郎丹波正藤原貞信の手による。一軒扇垂木の扇状の線の美しさと力強さが特徴であり、棟梁の美的感性を感ずる。大正十二年（一九二三）関東大震災後、屋根を波型鉄板葺きに改修した。現在見られる堂宇は昭和四十二年の改修による。

梵鐘は慶安二年（一六四九）、八王子瀧原住の加藤金吾吉重が制作した梵鐘に替えて、昭和四十年代に造したものである。

万福寺

――緑町――

八王子市営共同墓地の南斜面に宝形型の屋根が見える。坂を下りていくと、瀟洒な一宇がひっそりと建っている。万福寺本堂である。共同墓地は八王子空襲で直撃を受けた墓地もあったが、万福寺は幸いに戦禍を免れた。

万福寺本堂

本堂は桁行四間。梁間四間。正面は方一間の張出し向拝を付す。軒裏は二軒繁垂木、屋根は宝形。棟は露盤の上に擬宝珠、そして正面は流れ向拝となっている。正面は四枚引き戸、更に左右には一間の半火灯窓に腰板壁となっている。現本堂は昭和二年(一九二七)の再建という。

住職が「設計図がありますよ」と言って、奥から出してくれた。「小町小三郎さん直筆の図面です」と二枚の図面(絵図)を広げて、見る機会を得ることができた。寺側で保存されているのは僅少である。

図面は正面図と側面図で、正面図は現在見られる宝形型の堂宇で、側面図は入切妻造りのもので、かつ「萬福寺本堂側面図縮尺三十分之一」と書かれている。推測すると、当初、側面図に見られるような切妻造りの堂宇を考えられて書かれたものと思われる。そして、現在の宝形造りの図面が書かれたと考えられる。こうした二例の設計図が存在するのも稀であるとともに、施主と設計・施工の宮大工の対応経緯を物語る資料としても貴重なものと言える。

本堂図面（上・正面図）（下・側面図）
小町小三郎筆による（万福寺蔵）

稲荷神社

―小比企町―

国道十六号線と北野街道(旧川崎街道)交差点から西に約一キロのところに小比企町の稲荷神社が鎮座する。市街地からさほど離れていない場所ではあるが、幸運にも昭和二十年八月の八王子空襲から免れた一社である。拝殿、本殿も往時の光景を残している。

稲荷神社拝殿

拝殿 桁行三間、梁間三間、屋根は入母屋造り、亜鉛鉄板平葺き、正面に千鳥破風、向拝は唐破風を付した流造りであり、正面の水引虹梁上の中備と唐破風の懸魚に「二匹龍」、向拝柱木鼻に「獅子頭」、更に身舎と向拝柱を結ぶ海老虹梁「龍」など素木の彫刻で装飾されている。軒は二軒繁垂木、拝殿三面の床縁に高欄を巡らす。内部には古写真、奉納額などが架けられている。なお、棟札はなく、大工、彫工は不明である。江戸後期から明治前期にかけて再建されたものと思われる。

本殿 覆屋で保護されている。一間社流れ造り、正面は千鳥破風に唐破風を付す。屋根は銅板棒瓦葺きで、本殿身舎と向拝柱上部は彫り抜きの海老虹梁で繋がれ、屋根の軒裏は尾垂木に二手先組斗で頭貫を支えている。正面の扉は桟唐戸で観音開き。左右、背面の胴羽目は板張りで脇障子は精緻な素木彫刻で飾られている。更に、室内は彩色花模様の格天井となっている。なお、建造年代は不明、棟札には大工飛騨内匠と墨書きされている（次ページ「付記」参照）

本殿と棟札（同前『調査報告』より）

本殿棟札

（表）

聖主天中天　迦陵頻伽聲　武州多摩郡小比企村
別當　万福寺住　英嶽代
卍　奉上遷宮稲荷大明神本地供養一字右爲天下泰平郷内安全氏子繁盛祈収（異字体）
哀愍衆生者　我等今敬礼　大工　飛騨内匠
発願人　磯沼常右衛門伴幸

（裏）

名主　磯沼儀兵衛嘉幸　組頭　丹木倍助
組頭　中西新六　中西松次郎
（梵字）
南無倉牛地神　興楽（　）蜀（旧字）　大久保庄兵衛　磯沼五郎吉
染井伊右衛門　小松畑吉
南無五帝龍王　侍者春蜀（旧字）　永井喜三郎　小坂卯之吉
石井平吉

（付記）

本殿造営に関わった大工「飛騨内匠」について、地元では、飛騨の匠の大工が一年間滞在されて社殿建造をしたという伝承があるが、『旧小比企村覚書』の執筆者松岡平次郎氏は決定づける資料は見られないと疑問視されている。

筆者は棟札に記した人は地元の総代が多く、この場合も聞いた範囲で書かれた例で、匠名の「飛騨内匠」を、いつの間にか岐阜県飛騨地方の大工と伝承されてきたもと推察される。「飛騨正」の棟札の一例として、江戸後期、八王子の宮大工「谷飛騨正平惟貞」が嘉永二年（一八四九）に町田市真光寺境内の飯盛神社日光大権現社社殿を施工している『町田市近世建築調査報告書』。稲荷神社棟札の「飛騨内匠」も匠名で飛騨の大工ではない。因みに、大工棟梁などの生国を表している。この事例から推測されると、八王子の宮大工の施工による可能性も考えられる。

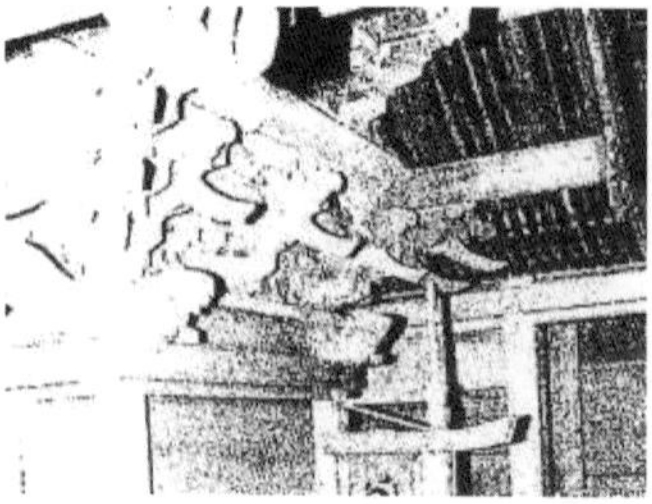

町田・日光大権現社本殿
（『町田の近世建築』より）

注(3)　飯守神社蔵日光大権現社棟札（尖頭形、高さ三一センチ、幅一二・七センチ）

〔表〕

奉勧請日光大権現天下泰平五穀成就如意満足村内安全守護

導師　勧泉拾五世大竜叟

〔裏〕

于時嘉永二己酉年久左衛門弟吉兵衛発言ニ付村内一流依
願奉勧請者也

大工　八王子宿　谷飛騨正平惟貞
同　肝煎人　榎本三左衛門
当所　榎本作左ヱ門
世話人　江戸　小野吉兵衛

八幡神社

―鑓水―

遣水は江戸後期から明治前期にかけて、絹商人が活躍した地として八王子の近代史にその名を残している。「絹の道」の呼称がその事績を象徴している。道了堂への道に建つ「絹の道」の標石を左折して暫く行くと、右手の小高い地に、八幡、子の権現、諏訪三社を祀る「遣水三社」が鎮座している。

覆屋の中に鎮座している三社殿は、遣水商人が残した遣水文化の記念碑的存在である。江戸後期から明治前期に建築された三社殿の内、左端に鎮座するのが八幡神社本殿である。

本殿の偉観

八幡神社本殿は一間社造り。身舎は切妻造りの屋根に正面に千鳥破風、それに方一間の向拝、唐破風に流れ造りを付す。床下三方にわたり、四手先組斗で張り出しの床に高欄を巡らす。更に、身舎の三面にわたる胴羽目、身舎と向拝柱繋ぐ海老虹梁、木鼻などに、精巧な素木彫りの彫刻が施され、華麗典雅な社寺建築の粋を見せている。加えて、頭貫の上部は三手先斗栱、軒裏は二軒繁垂木など、小社ながら

背面の胴羽目と軒を支える組み物

手の込んだ造りとなっている。

昭和六十年四月六日、小泉栄一、野崎梅雄両氏の協力を得て調査したところ、本殿内の記録板に明治十八年（一八八五）に竣工、地元の大塚五郎吉他、村内の九七名の協力によると記されている（『遺水八幡神社の年表』にも記載）。大工棟梁は不明。胴羽目に「東京府後藤徳蔵信吉」の刻銘がある。後藤徳蔵は宇都宮出身の彫物師で、江戸に出て江戸後期から明治中期にかけて活躍した。作品事例としては、大正十年（一九二一）に所沢有楽町で購入した山車に「宇都宮住後藤徳蔵信吉」とある（『所沢・有楽町山車改修事前調査報告書』・相原悦夫、小槻成克、石井健共同調査による）。遺水地区は幕末から明治前期にかけて、横浜開港を機に絹取引の繁栄により大塚五郎吉をはじめ、住民が道了堂の建設などを東都花川戸の大工職などの手により建設、その流れで八幡神社の建設を行ったとの話に立ち会った小泉栄一氏などが話されていたが、この「鑓水三社」はじめ当時、商談用に建設された螺旋階段状の「異人館」など遺水文化が開花された時代を象徴するものである。なお、道了堂も異人館も昭和五十年代に解体などにより、姿を消している。

遺水三社と同様の神社本殿など、市内の未調査小社としては、片倉城跡内の住吉神社、散田町八幡神社、寺田町榛名神社などがある。

永林寺

―下柚木―

永林寺境内の鳥瞰写真（『永林寺誌』より）

由木中央、野猿街道と遣水方面に伸びる分起点の手前に旧野猿街道が残る街道から北へ延びる永林寺参道を入って行くと、入母屋造りの二層の山門が見えてくる。由木第一の名刹である。山門から一直線に中雀門、本堂、右側に庫裡、左の小高い中腹に昭和期に建てられた三重塔が聳え立っている。本堂の裏手には庭園、北側には丘陵が東西にわたって伸びている。曹洞宗の寺院で、八王子では山田町の広園寺とともに禅宗様式伽藍を有している寺院である。

文化五年（一八〇八）の「境内鳥瞰絵図」にも総門、山門、中雀門、本堂、大庫裡、禅堂、修堂など、この時点で現在見られるような壮大な伽藍の様子が見て取れる。この寺域一帯は中世、大石氏が居城を構えていたところで、大石定久が瀧山に移った

山門

江戸期の伽藍絵図（『永林寺誌』より）

後、定久の開基により、大永七年（一五二五）に定久の伯父、長純禅師が開創した。古くは大石氏の家紋が「三ツ鱗」であったところから「永鱗寺」の寺名で表わされていた。総門の扉に「三ツ鱗」の紋章が見られる。奥の本堂裏手の丘陵中腹には「由木城址」の碑が建つ。

なお、第三十五世大宇英明により境内諸堂の昭和大修理が行われ、その大集成として昭和五十六年に三重塔を新たに創建している。

山門　二層入母屋造りの三間一戸、楼門形式、屋根は銅板平葺き。総体を弁柄塗装で彩色。上層は張出回縁には高欄を巡らし、正面は二枚扉、左右は火灯窓の胴羽目となっている。更に頭貫上は二手先の組斗、二軒繁垂木を支えている。

現存の建物は本堂再建に続き、寛文九年（一六六九）に再建、その後、安永四年（一七七五）に解体、再々建されたものである。明治二十四年（一八九一）には茅葺きの屋根を亜鉛鉄板葺きに替えられた。更に、昭和四十一年一月に世田谷三軒茶屋安田工務店により大改修した。

中雀門

本堂

中雀門　本堂前の門で、勅願寺を象徴する公家参拝門である。開山四百五十回大遠忌法要報恩を記念して平成二十六年に落慶。創建当時から数度の罹災を経た門で、向唐破風の構造設計には総本山総持寺の勅使門を基本として復元。設計は翠雲堂が担当した。

門は一間一戸、四脚門。屋根は切妻、銅板瓦棒葺き、流れ向拝に向唐破風を付す。正面の虹梁中備には「雷神」など。随所の装飾彫刻が目を引く。平成後期の建築にも拘わらず、存在感で圧倒している。

本堂　現存の本堂は寛文九年（一六九九）に再建された。『永林寺誌』に次の記録が見られる。「本堂棟札　寛文八年三月　五月細工始　同暦九年八月上棟大工棟梁相州大工藤原氏三郎道典先山木挽き」とある。着工から上棟、そして竣工の経緯が読み取れる。

本堂内部の四方欄間には貞享四年（一六六四）の彫刻、杉戸には文政四年（一八二一）相沢源左衛門五龍による松、花鳥、七賢人など二十六枚の絵が描かれている。

その後、安政四年（一八五七）に八王子八日市宿大工棟梁小谷田五郎藤原廣貞による改修で、正面に間口一間、奥行一間の千鳥破風に軒唐破風の向拝を新設、屋根は茅葺きとした。向拝の唐破風懸魚や虹梁上中備、琵琶板など素木彫刻はこの改修時に新造された。彫物師は不明（『永林寺誌』）

本堂内部欄間の彫刻（『永林寺誌』より）

昭和五年（一九三〇）には本堂、庫裡の大改修を行う。それまでの茅葺きから銅板葺き替え、現在見られるような本堂に衣替えしている。施工に当たった棟梁は「半原大工」として著名な家系、矢内匠家の一六代当主矢内稲雄高秀である。『半原宮大工矢内匠家匠歴譜』（鈴木光男著）の「茅葺改修工事棟札」には次のように記されている。

「大工棟監　神奈川県愛甲郡愛川村大工矢内稲雄、鍛冶職日野町　加藤長吉左官　由木堀之内」とあり、矢内稲雄高秀は矢内匠家一六代棟梁」と追記されている。

三重塔　方三間の禅宗様式の三重塔で、中央に心柱を建てる。初層は四面、中央に桟唐戸、左右に火灯窓を付し、二層、三層とも火灯窓、各層とも張出高欄が巡らされ、それを支える腰組は三斗組、更に、頭上部の頭貫を支える肘木付きの三

三重塔

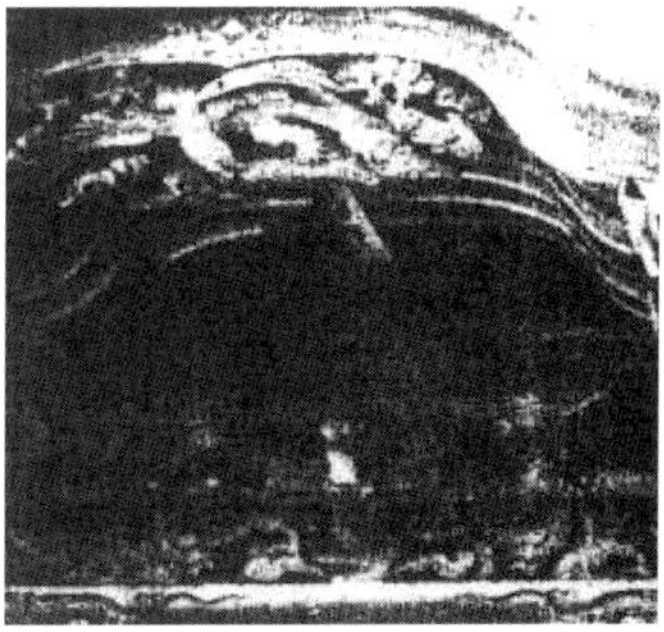

向拝の懸魚、中備の彫刻群（同前）

手先組物、屋根下地の垂木は繁垂木、屋根は銅板葺きで、塔の先端は相輪となっている。堂内には本尊聖観音像が奉安されている。

『三重塔』（永林寺発行）の冊子によると、尾道市生口島の向上寺三重塔を模した設計とされ、世田谷区安田工務店の施工で、大工棟梁挽野勇吉、副棟梁岡崎金義、大工髙橋清次、窪田太良、飯田英雄などの名が記されている。なお、大工の飯田英雄は江戸後期の熊谷の名彫物師、飯田岩次郎（?～一八八五）の末裔に当たる若手の職人である。

同塔は、昭和五十六年六月の竣工であるが、伝統的な仕様と工法を駆使した昭和後期の建築として特筆できる作品であり、市内唯一の建築作品である。

参考文献

▼『東京都の近世社寺建築』（近世社寺建築緊急調査報告書）　東京都教育委員会発行　平成元年三月
▼『神奈川縣近世社寺建築調査報告書』（本文・写真編）　神奈川県教育庁生涯学習部文化財課発行　平成五年三月
▼『八王子市伝統的建造物等文化財調査報告』　八王子市郷土資料館発行　平成一三年三月
▼『東京都指定有形文化財高尾山薬王院飯縄権現堂修理塗装工事報告書』　高尾山薬王院発行　平成一〇年三月
▼『東京都指定有形文化財広園寺山門保存修理工事報告書』　兜率山広園寺発行　平成一七年一月
▼『東京都指定有形文化財広園寺仏殿修理工事報告書』　兜率山広園寺発行　平成一五年三月
▼『都史跡広園寺本堂玄関修理工事報告書』　都史跡広園寺本堂玄関修理工事委員会発行　昭和五二年八月
▼『都史跡広園寺鐘楼修理工事報告書』　都史跡広園寺鐘楼修理委員会発行　昭和四二年十月
▼『都重宝西蓮寺薬師堂修理工事報告書』　西蓮寺薬師堂修理委員会発行　昭和三六年十月
▼『八王子市史下巻』　八王子市発行　昭和四二年三月
▼『八王子市織物史上巻』　八王子織物工業組合発行　昭和四〇年七月
▼『相即寺起立四百五十年記念写真集』　同寺住職豊島康明発行　平成九年六月

▼『町田の近世建築』　町田市史編纂委員会発行　昭和五一年三月

▼『青梅市の社寺建築』　青梅市教育委員会発行　昭和六三年三月

▼『立川市文化財調査報告書Ⅵ・立川の社寺建築調査報告』
立川市教育委員会発行　平成元年三月

▼『瑞穂町文化財調査報告書4　瑞穂の山車建築』（相原悦夫全文執筆）瑞穂町教育員会発行

▼『群馬県勢多郡東村誌　通史編』　勢多郡東村誌発行　平成一〇年二月

▼『永林寺誌』　永林寺発行　昭和五一年五月

▼『金峰山永林寺三重塔』　永林寺発行（推定）昭和五六年発行

▼『多摩文化　武州高尾山その自然と歴史』（第二四号）
多摩文化研究会発行　昭和四九年十二月

▼『半原宮大工矢内匠家匠歴譜』（鈴木光雄著）
平成二一年六月

▼『熊谷人物事典』（日下部朝一郎編著）
国書刊行会発行　昭和五七年七月

著者拙稿

▼「日野・八坂神社本殿―その建築概要と工匠―」（相原悦夫稿）『武蔵野』（通巻二九七号所収）
武蔵野文化協会発行・昭和五五年一月

▼「八王子における江戸中期以降の建築工匠（相原悦夫稿）『八王子市郷土資料館だより』
第五号所収
同館発行・昭和五三年一二月

▼「鑓水・八幡神社本殿建築」（相原悦夫稿）・『八王子郷土資料館だより』（第二八号所収）
同館発行・昭和六一年六月

○ご協力いただきました神社、寺院、地元の皆様のご芳名を記載、感謝の意といたします。

極楽寺（小澤勇貫住職）、宝樹寺（寺島龍生住職）、産千代稲荷神社、多賀神社（河村之雄宮司）、谷春雄、尾股惣司、東福寺（井口賢明住職）、福島和助、桂福寺（加藤義信住職）、正福寺、相即寺、西蓮寺、熊野神社（大貫忠、植松森一、岩﨑靖夫）髙尾山薬王院（大山隆玄山主）栗原茂、串田行雄、小町和義、高乗寺、広園寺、榊原弘之、万福寺、稲荷神社、同上神社関係者の方々、遣水八幡神社、小泉栄一、木下茂、野崎梅雄、永林寺寺務所

八王子市教育委員会文化財課

八王子市郷土資料館

愛川町社会教育課

愛川町半原　鈴木光雄

編集後記

二年前に私家本として作成した弊著が今回、八王子自治研究センター文化出版部創設の第一弾出版として刊行されましたことは小生にとっては驚嘆であり、望外の喜びであります。

今回の刊行は当初、全く考えていなかったこともあり、追補できなかった部分もあり、心残りを感じています。

本書は昭和五〇年代に、八王子市内の近世・明治中期の社寺建築について調査した資料を活かし、執筆した初期原稿に加え、八王子人にとって落とせない「大善寺」と戦後の再建である「時の鐘」など数か所を補筆して今回の出版となった次第です。

これまでの書籍にはない八王子の社寺建築の特性や歴史、関わった宮大工の活躍などを社寺毎に記述、多少専門用語が入りますが、初心者の方のための用語解説が挿入できなかったことが残念と思います。

是非、弊書を片手に現地に足を運んで、八王子の誇れる社寺建築に興味を深めていただけたら、ありがたく思います。

最後に弊書の編集に当たってはページ立てをはじめ、原稿チェック、写真のレイアウトなど、作業工程などに尽力されました加藤洋氏には、大変お世話になりましたことを記し、謝意とします。そして、個人としては、十分とは言えませんが将来にわたって、弊書が八王子の社寺建築を知る資料の一端になればと思っております。

令和四年一一月

著者

編著者紹介

　相原悦夫（あいはら　えつお）

昭和 15 年、八王子で生まれる。

八王子市文化財保護審議会会長、日本大学法学部卒。『三鷹市市議会史』、『三鷹市教育史』、『三鷹市史』（室長）など編纂、昭和 50 年代当初以降、関東一円の社寺建築を視察、「日野・八坂神社本殿」、「鑓水・八幡神社本殿の建築」などの論稿、『社寺の装飾彫刻・関東編』（東京項目）を執筆する。

◇主な出版本

『八王子の曳山祭』（有峰書店発行）昭和 50 年 7 月

『八王子の曳山彫刻』（有峰書店新社発行）昭和 61 年 7 月

『高尾山薬王院』相原悦夫著（白水社発行）平成 12 年 5 月

『彫刻師 佐藤光重』（ぎょうせい発行）平成 18 年 8 月

『社寺の装飾彫刻・関東編』東京項目を執筆（日貿出版発行）平成 24 年 12 月　○その他、八王子、三鷹、瑞穂などで講演、「八王子まつり」（J:COM テレビ解説）でも活躍

◇公職歴

◎八王子市文化財保護審議会会長（現在）

◎元・八王子市市史編さん審議会副会長

◎元・八王子市歴史遺産活用検討会委員

◎元・瑞穂町文化財保護審議会臨時委員

◇表彰

◎八王子市行政功労表彰（平成 25 年 10 月）

◎東京都文化功労表彰（平成 30 年 10 月）